合気道
稽古とこころ
現代に生きる調和の武道

合気道道主
植芝守央

内外出版社

合気道　稽古とこころ

――現代に生きる調和の武道

目次

◆稽古とこころ　47

装幀——ゴトウアキヒロ
表紙・技法解説撮影——有限会社園部保夫写真事務所

はじめに

私の父・植芝吉祥丸二代道主が、合気道の技法と精神を広く一般の人に知ってほしいと、戦後初めての合気道書籍『合気道』（光和堂）を執筆したのが昭和三十二年（一九五七）のことでした。

当時は合気道は広く一般には公開されておらず、私の祖父である、合気道開祖・植芝盛平が創始した神秘の武道として一部の人たちの間でのみ認知されていました。

開祖のみならず戦前・戦中の武道では、師の技を見て覚えるのみというのが一般的であり、技法についての合理的な説明は存在していませんでした。また合気道の精神についての説明も開祖は「古事記」や言霊を引用し、当時の弟子たちにとって難解なものであったとされています。

父が技を体系化し合理的な説明を工夫し、また開祖の言葉を一般的な言葉におきかえて解説した『合気道』は戦後、全国に広がった合気道の指導指針として入門者増加の要因の一つとなりました。

父はその後も合気道の技と心を伝える書籍を出版し続けます。合気道が広く国内外に普及され、稽古する方々の年齢層の広がり・多様化に鑑み、合気道の精神をより時代に即したわかりやすい言葉で説いた『合気道のこころ』（講談社）を上梓したのが昭和五十六年（一九八一）のことです。同書は翻訳され世界中の修業者に読まれるベストセラーとなりました。

それから三十七年、そして父が逝去した平成十一年（一九九九）から二十年が経とうとしています。合気道の普及はさらに進み、現在では一四〇の国と地域にまで広がり、国内には二四〇〇の合気会登録団体があります。

時代が変わり、組織が大きく広がった今、改めてその中心となるもの、合気道の根幹、すなわち「稽古」のあり方と、稽古の根底にある「こころ」を、現在道主を務める私の言葉で、今の時代にあった言葉で著す必要があると思い、このたび筆をとった次第です。

私は開祖のように「古事記」や言霊の研究をしたわけではありませんし、開祖からその言葉の真意を教えてもらったわけでもありません。しかし開祖の意を汲み、合気道の普及・振興に生涯を捧げてきた父の姿を見てきました。毎朝の稽古を欠かさず、道場に立ち続けた父の背中を見て育ち、本格的な稽古をはじめてから四十六年、合気道の修業に邁進してきました。どのような思いで開祖、吉祥丸二代道主が合気道を世の人々に伝えようとしたのかは誰よりも理解しているつもりです。

合気道を始めたばかりの方でも無理なく理解できるように、本書では出来るだけ平易な言葉を用いて説明しています。しかし言葉は変われども、開祖、吉祥丸二代道主が伝えようとした合気道の本質は十分に伝わることと思います。

本書が合気道の稽古の糧となることを、また合気道をご存知ない方が稽古を始めるきっかけとなることを願います。

平成三十年三月

合気道道主　植芝守央

歴　史

合気道のあゆみ

一つ一つの積み重ねから

戦後、昭和二十年代の前半から、父（合気道二代道主・植芝吉祥丸）が東京で合気道の稽古を再開し、昭和三十一年（一九五六）に勤め先の大阪商事（現みずほ証券）を辞めて合気道の指導専門となってから六十年余り。

現在、合気道は一四〇の国と地域で愛好され、国内には大学の合気道部や文化センターの教室なども含めると二四〇〇の登録団体があります。

合気道が普及し始めた頃は、私の祖父である希代の天才武道家、合気道開祖・植芝盛平翁の強烈な個性はもちろんのこと、戦前の内弟子たちの豪傑ぶりから「牛込の地獄道場」と異名がつくなどの逸話で、合気道が語り継がれたりもしておりました。

しかし、稽古する方が増え、携わる方も増えると、こうした逸話だけで合気道を象徴することはできず、また歴史も語ることはできません。稽古をされている皆さんによって、合気道・合気会は支えられて歴史を重ねているという思いを、私個人は強く持っています。一人ひとりのたゆまぬ精進が結集した結果、合気道の今日があると思っています。

宗家である植芝家に生まれ、合気道本部道場に隣接した家で育ってきた身としては、祖父・父の苦労を見、大変な仕事であることは理解していても、合気道が徐々に広がりを見せてきたことはごく自然に受け止めていました。奉職してからは合気道道主・財団法人合気会理事長である父の背中を見、ある時はその背中をそっと支え、ただひたすら合気道の普及・振興に邁進してきました。そして、その背中を見ることができなくなり、今は私の息子に背中を見せながら、将来に向けて走り続けています。

なぜここまで広がったのか、振り返ってみますと、さまざまな要因があったと思います。

その時々の施策が特別に功を奏して爆発的に人口が広がったということはなく、六十年余にわたる様々な積み重ねによって世の中に浸透していったのだと思います。

そのごく自然体の歴史を振り返っていきたいと思います。

合気道開祖・植芝盛平

明治十六年（一八八三）、合気道開祖・植芝盛平は和歌山県西牟婁《にしむろ》郡西ノ谷《にしのたに》村（後の田辺市）に富裕な農家・植芝家の長男として生まれました。

開祖の父・与六は村会議員を務める村の有力者で、巨躯・怪力の持ち主、母ゆきは同じく田辺市の糸川家の出です。

開祖は、与六にとって四十歳にして初めて恵まれた待望の男児であったため、父・与六の寵愛を受けて育ちます。

幼少時の開祖は病弱で内向的な読書好きの少年でした。寺の学問所で四書五経を習う一方、数学や物理の実験に熱中します。そのような盛平に与六は、近所の漁師の子供と相撲を取らせるなどして、体力を養うよう促《うなが》します。生来負けず嫌いの気性もあり、やがて海に潜ってはモリ突きを楽しむなど活発で外向的な少年に育っていきました。

合気道開祖・植芝盛平

田辺中学、珠算学校を経て田辺市税務署に勤務しますが、明治三十四年（一九〇一）、「磯事件」（漁業法改正に反対する漁民の権利運動）に加担し、それが元で税務署を退職。明治三十五年（一九〇二）、十九歳の時に一念発起、上京し与六の援助を受けながら文房具卸売業「植芝商会」を設立。その傍《かたわ》ら、天神真楊流柔術・神陰流剣術を学びます。

商売は成功するものの脚気《かっけ》を患い、店を従業員に譲って田辺で静養することになります。その頃、脚気克服のために始めた、裸足で山野を駆け巡る鍛錬が功を奏し、より頑健な体を作り上げました。

明治三十六年（一九〇三）、二十歳で陸軍に入隊。同時期に堺の柳生心眼流柔術・中井正勝に入門します。

軍隊では行軍演習や銃剣術の訓練で目覚しい活躍を見せ、仲間から「兵隊の神様」と称され、銃剣術は上官の代理で教官を務めるほどでした。軍曹にまで昇進し職業軍人を志しましたが、父の反対により断念し、除隊し田辺に帰郷します。

明治四十一年（一九〇八）には、坪井政之輔より柳生心眼流免許を受けました。帰郷後、しばらくの間進路も定まらず悶々とする日々を送る開祖を見かねて、与六は自宅納屋を改装して柔道場を作り、田辺来遊中の柔道家・高木喜代市（のち講道館九段）を招き指導を依頼します。開祖はたちまち柔道に夢中となり、道場には近郷の青年も集まり青年会の趣を呈します。

明治四十五年・大正元年（一九一二）、二十九歳の時に、開祖は政府の北海道開拓団体募集に応じ、五十四戸八十余名からなる「紀州団体」の長として紋別郡上湧別村白滝原野（のち白滝村→遠軽町）に移住します。

温暖な紀州と違い、極寒の原野での作業は困難を窮めるものでしたが、伐木、開墾、さらには小学校建設、商店街・住宅の整備を図り、村は活況を呈し、「白滝王」と称

上湧別村村会議員時代の開祖。前列左から２人目

され周囲の尊敬を集めます。

また〝監獄部屋〟と呼ばれる劣悪な建設現場から逃げ出した人夫を匿《かくま》い、現場を仕切るヤクザ者と話をつけて助けたことが噂となり、開祖を頼って逃げてくる工夫が続出しました。それらの全てを助け、これが地元新聞に取りあげられたこともありました。

明治四十五年（一九一二）、所用で訪れた遠軽の旅館で武術家・大東流の武田惣角に出会い、その技に衝撃を受け入門。さらには白滝に道場を設けて惣角を招き、村の有志十数人と共に熱心に学び、大正四年（一九一五）に「秘伝奥儀」の免許を授かります。

大正七年（一九一八）には推されて上湧別村村会議員に当選、名実共に土地の名士となりました。

しかし翌年、父の危篤の知らせを受けます。急遽、

出口王仁三郎による「植芝塾」の書

綾部の植芝塾で稽古の指導にあたる開祖。大正９年頃

和歌山へ帰郷する途中、汽車内で大本教の実質的教祖であった出口王仁三郎の噂を聞きます。そして父平癒の祈祷を依頼するために京都府綾部に立ち寄り、その人物に深く魅せられます。

　王仁三郎の「お父さんはあれでよいのや」という言葉に、「父の死は天寿ゆえ心穏やかに受け止める心こそ最善の供養なのだ」と悟った開祖は田辺に戻り葬儀を済ませると、大正九年（一九二〇）、一家を率い綾部に移住、大本に入信します。

王仁三郎はこれを喜び、開祖を自らの近侍とし「武道を天職とせよ」と諭します。そして王仁三郎の下で各種の精神修養に努め、王仁三郎の勧めで自宅に「植芝塾」道場を開設しました。綾部では道場での稽古だけでなく、白滝での経験を活かし、青年たちの集団指導として消防団の結成、農園開墾の指導などにも取り組みます。

その翌年、大正十年（一九二一）に私の父、後の合気道二代道主・植芝吉祥丸が誕生しています。

綾部時代の開祖。大正 10 年頃

開祖は田辺時代には博物学の巨星・南方熊楠に出会い、神社合祀策反対運動に共鳴し、地元青年・住民を率いて熊楠に協力し熱心に活動したこともありました。さらに大本の「万有愛護」や「人類愛善」の精神の影響もあり、武道を世のため、人のために活かす和合の武道という発想が生まれたのでしょう。

大正十一年（一九二二）、王仁三郎の命名により、自らの武術を「合気武術」と称し、また武道としての精神的な裏付けを求め言霊や「古事記」の研究に没頭します。

大正十四年（一九二五）、開祖の名声を聞きつけた海軍大将・竹下勇の招聘で上京。伯爵・山本権兵衛の前で演武を披露し、感銘を受けた山本伯爵の依頼により青山御所で侍従・武官に指導を行うようになり、昭和二年（一九二七）に東京に移住し、芝白金猿町に仮設の道場を持ちます。

翌三年（一九二八）には内海勝二郎男爵の好意により芝三田綱町へ移転。さらに昭和四年（一九二九）に芝高輪車町（泉岳寺脇）に仮説道場を移転させ入門者に稽古をつけていましたが、希望者が多く、それまでの仮設の道場では対応できず、本格的な道場の建設を希望する声もあがりました。

そして、昭和五年（一九三〇）四月、牛込若松町（現在の新宿区若松町）の旧小笠原家下屋敷跡を借用し（のちに購入）、皇武館＝植芝道場（後の合気道本部道場）が設立され、翌六年（一九三一）三月に完成しました。ちなみに、この道場は、昭和四十三年に現在の道場に建て替えられるまで、戦火を逃れてそのまま残っていました。

当時は、広く一般に門戸を開いていたわけではなく、教授対象は皇族・華族・軍人・

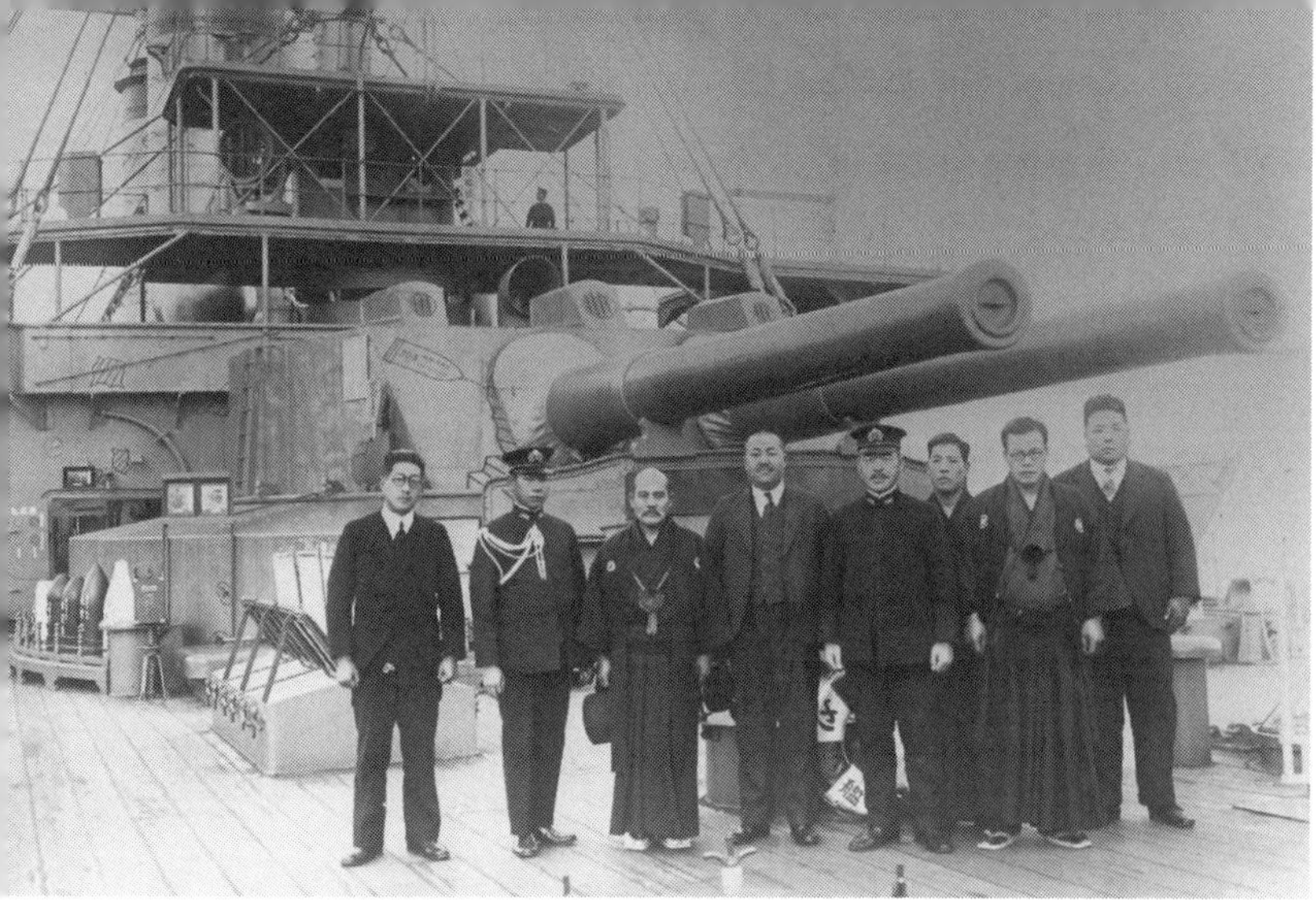

軍部の要請で武術指導を行っていた時代もあった。左から３人目が開祖

警察官・実業家・武道家の子弟など一部の層に限られていました。入門に当たっては身元の確かな二人以上の保証人を条件とし、公開を厳しく制限。また軍部の要請で、陸軍戸山学校・憲兵学校・中野学校・海軍大学校などでも武術指導を行っていました。

またこの頃、出口王仁三郎から大本教の全国的統一組織「昭和青年会」のメンバーへの合気道教授を依頼されます。会員は瞬く間に増え、大日本武道宣揚会を開設。支部数一二九、会員二四八八に上り、東京の皇武館と並ぶ西の拠点となります。

やがて日本は戦争への道を歩みはじめ、戦局が悪化の一歩をたどり始めると、開祖は道統をいかに護持し、合気道の火を消すことなく維持するかを考えます。

そして開祖は以前から考えていた「自給自足」「武農一如」の実現を見据えて、昭和十年（一九三五）、茨城県の岩間、現在の笠間市に三千坪ほどの土地を買い入れます。その後、土地を買い足し、昭和十五年（一九四〇）には約二万坪にまでなっていました。昭和十七年（一九四二）に東京の道場を当時早稲田大学に通っていた私の父・吉祥丸に任せ、自身は岩間で土地を開墾しながら地元の人々に合気道を指導する武農一如の生活を始めます。

この間、昭和十五年四月には、合気会の前身である皇武会が財団法人として当時の厚生省から認可されました。

「開かれた合気道」——吉祥丸二代道主の想い

合気道の歴史を振り返るとき、その始まりには、開祖・植芝盛平という一人の天才

開祖（左）が創始した合気道を広く一般に公開し、普及・浸透させた吉祥丸二代道主（右・当時本部道場長）。昭和30年代半ば頃の本部道場前

的武道家がいて、そこからすべてが始まりましたことは改めて申し上げるまでもありません。

開祖は、合気道（当時は「合気武道」と呼称）が悪用されることを恐れ、軍人、華族、名を成した実業家など紹介のある方々を対象に指導していました。

ある意味では、合気道を広めようと尽力されたのは、開祖自身よりも、東京に招聘して下さった竹下勇大将であったり、開祖の武道を財界人・実業界の方々へ紹介して下さった岡田幸三郎氏、財団法人化を強く進言された藤田欽哉氏や、財団の設立資金を寄付して下さった宮坂照蔵氏など、合気道の素晴らしさを理解してくださった周囲の方々であったと言えるかもしれません。

そして、開祖の創始した合気道を広く世に問うために組織を整備したのが、植芝吉祥丸二代道主。今日、合気道がこのような広がりを見せるに至ったのは、吉祥丸二代道主の洞察の鋭さと努力によるところが大きかったと思います。

「合気武道」が「合気道」と呼称するようになったのが、昭和十七年（一九四二）のことで、同年、私の父、吉祥丸二代道主（当時二十一歳）が財団法人皇武会本部道場長に就任しています。まだ早稲田大学在学中の事です。

「社会的な活動はお前たちでやれ、私は修業三昧で終える」と開祖は二代道主に告げたと言われます。太平洋戦争勃発がその前年ですから、時は、戦時色を増すまっただ中です。

そして昭和二十年（一九四五）八月十五日、終戦。「道場を死守せよ」との開祖の厳命を果たし、道場は終戦直前の大空襲に遭いながらも奇跡的に焼失を逃れました。道場は避難所として地域住民に開放され、多い時には百人以上がいたと聞いています。私の誕生後も五歳くらいまでは、二家族いた記憶があります。

道場は残ったものの、一面焼け野原の日本を見た二代道主の心中はいかばかりのものであったでしょうか。

吉祥丸二代道主は昭和天皇の玉音放送を聴き、呆然としながらも友人と皇居に向かい、玉砂利にひれ伏して涙したと話していました。学徒出陣で多くの友人を失った吉祥丸二代道主が、日本武道館に向かう折りなどに靖国神社前を車で通るたびに、車中からそっと頭を下げられていたのを思い出します。

こうした無念の気持ち、鎮魂の想いから、日本人の心をなんとか立て直していかなければならない、戦勝国に対しても対等な気持ちで誇れるものとして、開祖が創始した合気道を世に広めることを決心したのです。

終戦の混乱のまださめやらぬ昭和二十二年（一九四七）、岩間の合気苑を本部とし、財団法人皇武会を改組し「財団法人合気会」として寄附行為改正を文部省に申請。翌二十三年二月に認可がおりています。これにより植芝盛平は初代合気道「道主」、そして植芝吉祥丸が本部道場長となります。合気道普及のため組織の長として本格的に取り組み始めた年でした。

昭和二十四年から定期的な稽古を再開。昭和二十六年（一九五一）、本部を岩間から東京に戻します。

その際に、吉祥丸二代道主のとった基本方針が「開かれた合気道」でした。性別、年齢に関係なく誰もが行なえ、何かしら実生活に結びついている点がなければ、現代における武道の価値はないに等しいのではないか――。それが、吉祥丸二代道主が常々口にされていた武道観でした。そこに戦後の合気道の発展の原点があります。

大学の部活動へ指導員を派遣する、海外へ指導員を派遣する、公開演武会を開催する、カルチャーセンターに教室を開く、合気道の書籍を発刊する、などなど、すべて、「開かれた合気道」という方針で貫かれています。

本部道場長として戦後定期的な稽古を再開し、
さらに「開かれた合気道」に着手した二代道主
昭和 33 年頃の写真

学生より社会人、単なる社会人よりは企業の経営者を門人にした方が、はるかに道場経営は楽に決まっています。しかしいわゆる名士ばかりを相手にしていた戦前の開祖の稽古に対して、二代道主は逆のことを考えていたのです。

まず学生の中にしっかりと根をはり、その学生達に社会人になっても合気道を続けてもらう。やがて、そうした人たちが社会で活躍してくれるようになれば、合気道は磐石になるはずだと。

当時は大学の数も、大学進学者の数も多くはありませんでしたが、その教養・経験は卒業後に社会に出てリーダーシップをとっていける人材になりうる人たちです。日本の未来を担う若者たちの間に合気道を根付かせようと考えたのです。

長らく合気会に献身し、理解をもった師範ですら、「大学への指導員の派遣は結構なことでしょうが、派遣で赤字になる大学のクラブへは派遣を中止したら良いのでは」と進言したことがあったそうです。

それでも、二代道主は大学のクラブへの指導員の派遣を一つとして取りやめませんでした。現在の結果から見れば、正解であったわけですが、すぐに結果が出るものではないのですから、その方針を貫くことは、生半可な気持ちではなかったと思います。

やがて戦前から開祖に指導を受けた人々も稽古を再開し、指導者として各地域に道場を開き、支部（現・登録道場）が結成されるようになります。また地域道場や大学のクラブで合気道を稽古した人々が、社会人となり実業団の合気道クラブを結成していきます。

カルチャーセンターへの普及は、当時、合気会の役員であった長野一馬氏の発案を受け入れ、二代道主が、サンケイ文化教室を尋ね、先方の専務に直談判したといいます。最初はまったく相手にされなかったそうですが、そこを根気強く、交渉を続けて実現させたのでした。こうした地道な活動によって、合気道は静かに浸透していったのです。

初めての公開演武

初めての合気道公開演武会が、東京日本橋の高島屋において開催されたのは、昭和三十年（一九五五）九月のことでした。

それまでは原則として、合気道の演武を人前で披露できるのは開祖以外にはありませんでした。また、そうした「演武会」はごく一部の限られた人だけが見ることの出来たもので、武道界においてすら、植芝盛平の名は知っていても、その技を直に見た人はそれほど多くなかったはずです。

門外不出、これは特殊なことではなく、合気道以外の多くの古流武術においても、

日本橋の高島屋屋上で行われた初の公開演武で技を披露する開祖

秘伝の技法を一般に公開することはなく、どうしても人前で演じるときには、宗家のみが行ったものでした。

秘密主義と言いますか、窓を閉めきって、外から盗み見できないようにして演武をしていたそうです。普及についても、開祖は合気道が広まりすぎることで、技が正しく伝わらないのではないかと危惧していたのかもしれません。

開祖の演武を見たことのある人の中には「植芝翁の技は名人のものだ。だが、これは余人のよくするものではない。合気道はやはり、植芝翁一代限りではあるまいか」と言う人もありました。

開祖・植芝盛平にだけできて、他の人にはできない――ということでは、新しい時代に向けて合気道

高島屋のショーウインドに掲示された公開演武会のポスター

は普及のしようがありません。しっかり稽古を積めば、誰にでも可能であるという事を示すためにも、公開演武では、従来の慣例を破り、稽古している者は全員で——内弟子であろうと、一般の会員であっても——演武する必要がある、と吉祥丸二代道主は考えたのです。この申し出に難色を示した開祖も、吉祥丸二代道主の懸命な説得により承諾しました。

「しっかり稽古を積めば誰でも可能である」

それこそが、二代道主の示したいことであったわけです。

東京・日本橋の高島屋で行われた初の公開演武会は、百貨店のショーウィンドにも合気道の写真が飾られ、新聞やラジオなどでもその様子は報じられました。見に来られた方々にも評判は上々で、開祖のドキュメンタリー映画『合気道の王座』もNTV（後・日本テレビ）により製作されました。

その後、合気道紹介のための説明会・演武会を積極的に開催します。昭和三十二年（一九五七）十月十八日〜二十日、東京・渋谷の東横百貨店、翌三十三年（一九五八）五月十七日〜十八日、東京・池袋の三越百貨店での演武会を経て、合気道の知名度は以前にも増して格段に上がったのでした。

それまで「演武大会」と銘打っての演武会は、主として本部道場で春季・秋季に日頃の稽古成果を披露しあうものを指していました。

その後、全国各地に合気道が浸透し、各道場でも「演武大会」が行われるようになりました。しかし本部道場や各地の道場、その他の会場ではあまりにも手狭です。

そこで「合気道の社会進出の機が熟した」と判断した吉祥丸二代道主は、現在のような、年に一度、特別に全国各地の修業者が東京に参集して、一般にも公開する形で行う「演武大会」を決意します。

こうして昭和三十五年（一九六〇）、第一回全日本合気道演武大会（当時の名称は第一回合気道演武大会）が東京の代々木・山野ホールで開催されました。

その後、昭和三十六年（一九六一）、新宿伊勢丹ホールでの公開演武会（この年は開祖がハワイ合気会の招聘により渡米中であったため、「合気道演武大会」とは銘打っていない）、昭和三十七年に有楽町・朝日新聞本社講堂で第二回演武大会が開かれます。

昭和三十八（一九六三）年の第三回演武大会から昭和四十三年（一九六八）の第六回演武大会までは日比谷公会堂で開催されます（昭和四十年、四十二年は開催されず）。また昭和四十一年の第五回大会からは、「全日本合気道演武大会」と銘打たれました。ちなみに昭和四十二年は本部道場新築中のため大会は開催されていません。

今ほど支部道場（現・登録道場）も多くはありませんし、現在のように全員が参加するというものでもありませんでした。団体という形ではなく、指導者の演武を見るという形でした。時間も短かく、お昼に始まって三時過ぎには終了していました。

昭和四十四年（一九六九）に、開祖が逝去。この年の十月十一日、「開祖追悼演武

現在、毎年５月に日本武道館で開催されている全日本合気道演武大会
広く国内外から出場者・参観者が集まり、１万人を超える規模となっている

大会」と銘打って、初めて日本武道館で演武大会が開催されます。それまでは二〇〇から三〇〇〇人という大会でしたが、ふたを空けてみれば五〇〇〇人。この事が毎年の全日本合気道演武大会を日本武道館で開催できるという確信につながったのではないかと思います。

この後、昭和五十一年（一九七六）、第十四回大会まで日比谷公会堂で開催されますが、ついに昭和五十二年、第十五回大会から日本武道館で開催されるようになりました。

出場者、参観者はこの後も増加。現在では観衆も含めると参加者は一〇〇〇〇人を超える規模になっており、公益財団法人合気会最大の行事となっています。

出版による普及・啓蒙

昭和二十五年（一九五〇）、全国の弟子に道場の動向や開祖の思想を伝える機関紙『合気会報』（後の『合気道新聞』）を創刊します。

昭和三十二年（一九五七）には吉祥丸二代道主により戦後初めての合気道解説の単行本『合気道』（光和堂）が刊行されました。その頃、武術家を名乗る者が武道教室をうたって入会金を搾取する詐欺事件がありました。その巻き添えを受ける形で、問屋が販売を引き受けてくれず、道場に本の山が積まれたのですが、新聞広告の効果で注文が殺到して初版を完売したといいます。

この書籍は昭和四十年代後半まで版を重ね、光和堂が無くなった後、平成に入り出版芸術社から復刻版が刊行され、今現在も版を重ねるロングセラーとなっています。これによって説明会や演武会以上に広く合気道の名が知られるようになりました。

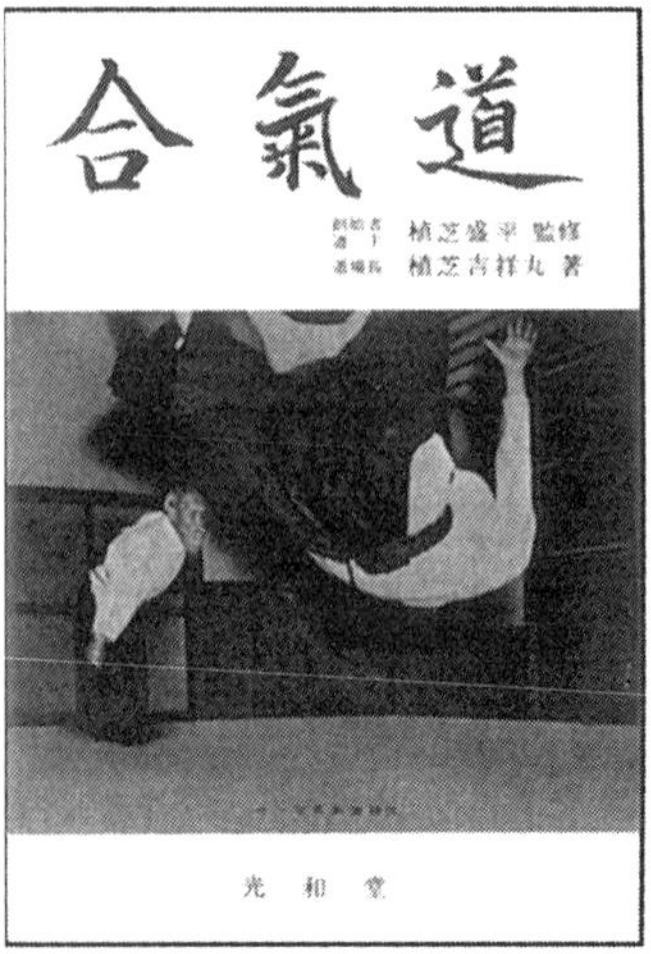

戦後発の合気道解説書「合気道」

「合気道新聞」第１号

この本の出版によって、二代道主は、合気道を言葉で説明する際のひな形を得たようです。合気道の理念や技法を解説し教授する方法について、常に向上を心がけていたことも、より多くの人に合気道をきちんと知ってもらいたいという想いによるものでした。

以後、技法書としての絶筆である『規範　合気道基本編』（一九九七年・出版芸術社）まで、絶えず、分かりやすい説明をと幾つもの合気道解説書を世に送りました。それらの多くは英語・フランス語・スペイン語・イタリア語・ドイツ語に翻訳され、広く海外でも読まれ、これらの書籍によって合気道の門を叩いた人も数えきれません。

また平成三年（一九九一）には、機関誌『合気道探求』（年二回発行）が創刊されました。

組織の拡大

昭和三十六年（一九六一）には、合気会の外郭団体として、関東学生合気道連盟（六月）、関西学生合気道連盟（九月）などの学生の連盟発足が相次ぎ、全国学生合気道連盟の発足（十月）につながりました。同年の十二月には防衛庁合気道連合会も発足しています。

この後、東北学生合気道連盟（一九六三）、九州学生合気道連盟（一九六六）、中部学生合気道連盟（一九六七）、中・四国学生合気道連盟（一九七二）が発足し、全国の学生組織が確立し、そのおかげもあってか、昭和四十二年（一九六七）の第五回全日本合気道演武大会から文部省の後援を得られるようになったのです。こうした公的機関に後援をいただけるようになったということは、合気道の社会的認知が高まったことの一つの現れであったと言えるでしょう。

赤字になるから止めたらどうかと言われても蒔き続けた種は、確かな実を沢山結んでくれたのでした。

平成二年（一九九〇）、私が初めて大学の授業の指導で出向いた指導先（亜細亜大学）の学生に、「合気道を知っているかどうか」と尋ねたところ、三十人ほどの学生の中で、「合気道の名前は聞いたことがあるが、どのようなものなのかは知らない」という学生がほとんどでした。現在では、同じ問いに「やったことがある」と答える学生が少数ながらもいます。合気道の浸透を肌で感じた次第です。これも各地で指導に尽力される方々の地道な努力の成果のあらわれです。やはり良いものは伝わるものだと改めて思います。

昭和四十三年（一九六八）一月には、鉄筋コンクリート作りの合気道本部道場が新築落成しました（落成式典は四十三年だが、完成は四十二年十二月）。同ビルの四階には合気道学校が開校され、東京都から各種学校として認可されました。これは、公的に合気道の教育効果が認められたことの一つの証拠とも言えるでしょう。

左・合気道本部道場新館の地鎮祭

右・昭和 43 年に完成する合気道本部道場新館の完成図の前に立つ二代道主

その頃から、合気会の体制が徐々に固まりだしてきたのです。

そして翌四十四年（一九六九）四月二十六日、開祖が一つの時代の区切りを見届けたかのように本部道場同敷地の自宅で逝去されました。享年八十六歳。同日、生前の「合気道の創始・ならびに普及の功績」により政府から正五位勲三等瑞宝章を追贈。和歌山県田辺市名誉市民、茨城県岩間町名誉町民の称号を贈られました。

こうした発展を受けて、昭和五十一年（一九七六）には、全日本合気道連盟が発足しました。

初めて合気会の「しおり」を作成したのもこの昭和五十一年のことです。そのときは「支部道場一覧表」が見開き二ページで収まり、その数も一二〇程度でしたが、現在は、登録道場（平成二十四年＝二〇一二年から支部道場↓登録道場）の数も二四〇〇を超えて、しおりと道場一覧を別冊子にせざるを得ないまでになっており、各地での組織の拡充が伺えます。

平成十四年（二〇〇二）には全国高等学校合気道連盟が設立され、同年に第一回全国高等学校合気道演武大会を東京武道館で開催します。

平成二十四年（二〇一二）には中学校体育における武道必修化にともない、合気道も選択科目の一つとして採用されました。導入されている学校はまだ少ないものの、一人でも多くの青少年の健全育成の一助となるよう、同年に各都道府県に連盟を整備し、指導者派遣の要請にこたえられる体制を整備しました。

文部科学省認可の財団法人から、内閣府認可の公益財団法人への移行の認定を受けたのもこの年のことです。

世界に広がる合気道──銀の架け橋

国内での普及と並行して、吉祥丸二代道主は、合気道の真価が海外でも広く認められるよう、海外への普及にも力を入れました。

合気道の海外への普及は、昭和二十八年(一九五三)に村重有利師範らがビルマ国(現ミヤンマー)マンダレー警察学校に合気道指導のため招聘されたことに始まります。

合気会から派遣するだけでなく、海外から合気道を習いたいと来日する人もありました。昭和三十年(一九五五)にフランスからアンドレ・ノケ氏が来日した際、マスコミでは戦勝国の人間が敗戦国の日本の武道を学ぶためにわざわざ来日したということで、日本だけでなくフランスでも非常に話題になりました。そのようにマスコミで取り上げられたことが合気道の知名度を上げる要因の一つになったとも言えます。

昭和三十六年(一九六一)には、開祖自身が、ハワイ合気会から新築道場の祝賀

ハワイ合気会の招聘により渡米した開祖

を兼ね招聘を受け渡米され、その二年後の昭和三十八年には吉祥丸二代道主が、米国およびハワイ合気会の招聘を受け渡米されています。

その後、多田宏師範はイタリア、田村信喜師範はフランス、山田嘉光師範、金井満也師範らがアメリカ、千葉和雄師範はイギリス、菅野誠一師範はオーストラリア、浅井勝昭師範はドイツへというように、昭和四十年前後から、ヨーロッパとアメリカを中心とした世界各地域へ指導員が渡り、彼らが駐在して地道な普及活動を展開していったのです。

昭和五十年（一九七五）十一月、スペインのマドリードで国際合気道連盟準備委員会が発足しました。この会合では、求道を第一義とする日本的哲理の特殊性こそ合気道の本質であり、合気道の道統は植芝盛平翁創始によるものと確認されたのです。そして合気道の中心である道主が、永世会長として就任することも併せて確認されたのでした。

そしてこの準備会を経て、翌五十一年、正式に合気道組織の国際的な連携を強化す

第１回国際合気道大会　二代道主のスピーチ

るための国際合気道連盟（ＩＡＦ）が設立されました。東京での第一回総会には米国など二十九カ国、約四〇〇名が参加しました。同年には、全日本合気道連盟が設立されており、国内外において組織体制が確立した年となったのです。この国際合気道連盟発足以降、世界各地への指導者派遣がさらに頻繁となり、一方、海外からの受入・合宿なども増加し、世界各地との交流が広がっていきました。

昭和五十一年からは東南アジアへの巡回指導も始まります。

昭和五十五年（一九八〇）には、パプアニューギュアからの要請で初めて青年海外協力隊員として合気道指導員二名を派遣し、以後、青年海外協力隊員の派遣が継続することとなりました。

昭和五十九年（一九八四）には、国際合気道連盟が、ＧＡＩＳＦ（国際競技団体連合）に正会員として加盟しました。ＧＡＩＳＦとはＩＯＣ（国際オリンピック委員会）に次ぐスポーツの国際組織で、世界的規模で組織されているスポーツ連盟が一堂に会して意見交換する団体です。ちなみに国際合気道連盟は、合気道普及のためＧＡＩＳＦに加盟する唯一の国際組織です。

そして平成元年（一九八九）、ドイツのカールスルーエで開催された、「第三回ワールドゲームズ大会」に公開競技として、合気道は初めて参加しました。

平成二年、ソ連邦の崩壊に伴い、旧共産圏であるブルガリア、ロシア共和国のそれぞれの国から研修生が初めて来日し、本部道場で研修を受けたことは冷戦時代には考えられないことでした。

東欧、中央アジアへの普及も進み、指導の要請を受けるようになり、今では年間一二〇回の海外派遣指導を行っています。

平成六年（一九九四）には、初のアジア合気道演武大会が台北で開催されるなど、海外での大きな活動も目立つようになってきましたが、修業者の増加傾向というもの

日本とベルギーの修好150周年を記念しての講習会（平成28年）

は、私自身が各国をまわって実感しています。合気道がこのように広がっているのは、心身錬成の道として人種・宗教・国境を越えた普遍性を持っていると認められているからであると確信しています。

昨今、海外に対して合気会独自の活動だけでなく、国際交流基金、国際協力機構（JICA）の青年海外協力隊・シニア海外ボランティアによる指導者派遣なども活発になっています。今や、極端に政情の不安なアフリカや中近東の一部の国を除いて世界中のほとんどの国に合気道の愛好者がいます。平成十六年（二〇〇四年）には合気道を通じての国際文化交流の促進と諸外国との友好親善に付与した功績により外務大

平成16年に合気道を通じての国際交流により外務大臣から表彰される
川口順子外務大臣（当時）から表彰状を授与される著者

臣表彰を受賞しました。

昭和三十六年（一九六一年）、ハワイ合気会の招聘を受けて渡米した際に開祖は、
「合気道が日本と世界をつなぐ銀の架け橋となる」
という言葉を残されています。開祖の夢・志は吉祥丸二代道主から私へと受け継がれ、派遣された指導者、また現地の方々の尽力のおかげで花開くこととなりました。

父・吉祥丸二代道主を敬慕するのも変ですが、閃きや一時の思いつきに拠らず、物事を冷静に考え、感情にとらわれず、客観的に判断して、展望を持ちながら、一つ一つの問題を解決し、合気道を広めた姿勢は、大いに見習いたいものだ、と常々思っています。私自身、吉祥丸二代道主亡き後も、

平成16年、外務大臣表彰を受け、外務省の推薦で天皇・皇后陛下主催の秋の園遊会（東京・赤坂御苑）に妻・恭子とともに出席

合気道の普及・浸透に邁進してきました。

こうした流れが今日につながり、平成二十八年（二〇一六年）に群馬県高崎市・高崎アリーナで開催された第十二国際合気道大会で、私の講習会には国内外二〇〇〇人近くの会員が参加し稽古に励みました。その模様をアリーナの二階席から眺めていた現役最高段位の多田宏師範が「大先生《おおせんせい》（開祖）がこれをご覧になったら、お喜びになられただろうね」としみじみと語っていたそうです。

海外とのやり取りも以前はエアメールが主流で、応答に数週間もかかっていたものが、現在はEメールが主流になりスピードが速まっています。現在一四〇の国と地域にまで広がり、合気道人口も増えたわけですから、当然、処理すべき仕事の量も

平成28年に群馬県高崎市・高崎アリーナで開催された
第12回国際合気道大会
著者の講習会には国内外2000名近くの会員が参加した

日に日に増えています。これに迅速に対応していくのが本部道場の役目であると思います。「合気道新聞」、「合気道探求」といった機関紙・機関誌だけでなく、ウェブ・サイトの充実を図り、世界へ向けて同時的かつ即時の情報を発信していくことの必要性が高まっています。

今後、この状況に応えていくためには合気会の職員ならびに各道場の方々が協力し連携していくことが今まで以上に不可欠であり、ますます一人の力だけではままならない状況になっていくことでしょう。

そうした皆さんの力を得て、開祖が創られた合気道を正しく継承して広めていくことが道主である私の役目であると思っています。

稽古とこころ

武は愛なり——現代に生きる武道

開祖は、「武は愛なり」という言葉を残しています。

開祖の修業された時代、武に「愛」という表現を使ったのは革新的なことであったと思います。時を経て、吉祥丸二代道主は、「合気道は現代に活きる武道である」と表現しています。現道主として私も、これらの指針にぶれることなく、合気道を後世に伝えていきたいと考えています。

第二次世界大戦を経て、開祖は戦争という時代背景の中で「武は愛なり」という、合気道の境地に至りました。また、吉祥丸道主は、「合気道は現代の中に活かされていかなければ、現代武道とは言えない」と、常々話されていました。

その言葉の具体的な道筋として、私達には合気道特有の稽古法が示されています。

合気道の稽古では相手と強弱を争うことなく、必ず互いに技をかけ合います。そし

本部道場で指導にあたる著者

て相手を尊重し、お互いに気持ちよく稽古していくことが求められます。

人間は自分ひとりで生きられるものではなく、多くの人達と関わりながら生きているわけですから、稽古で培ったことを社会の中でどれだけ活かすことができるのか、私達は問われているのだと思います。

もちろん、合気道の稽古をすれば誰でもすぐにそれができるというものではなく、やはり一人ひとりが、しっかりと稽古の中で感じ取っていかなければならないことだと思います。

合気道練習上の心得

本部道場には開祖が遺された「合気道練習上の心得」が掲げられています。

1、合気道は一撃克《よ》く死命を制するものなるを以《もっ》て練習に際しては指導者の教示を守り徒《いたずら》に力を競うべからず。

2、合気道は一を以て万に当たるの道なれば前方のみならず四方八方に対せる心掛けを以て練習するを要す。

3、練習は常に愉快に実施するを要す。

4、指導者の教導は僅《わず》かに其の一端を教ふるに過ぎず、之《これ》が活用の妙は自己の不断の練習に依《よ》り初めて体得し得るものとす。

5、日々の練習に際しては先《ま》ず体の変化より始め逐次強度を高め身体に無理を生ぜしめざるを要す。然《しか》るときは如何《いか》なる老人と雖《いへど》も身体に故障を生ずる事なく愉快に練習を続け鍛錬の目的を達する事を得べし。

6、合気道は心身を鍛錬し至誠の人を作るを目的とし、又技は悉《ことごと》く秘伝なるを以て徒に他人に公開し或いは市井《しせい》無頼の徒の悪用を避くべし。

以上

これを父、吉祥丸二代道主は著書『合気道のこころ』の中で左記のように解説しています。

1、自分勝手な稽古は行わず己を無にして指導者の教えを守らなければ、正しい合気道は身につかない。

2、日ごろから四方八方に気を配って隙がないよう心身を充実させることが、武道としての合気道の稽古には欠かせないとの心得。

3、厳しい稽古の苦しさを苦痛と感じないようになるまで修業すれば、稽古することが愉快になるという心得。

4、道場で手ほどきされた基本で事足れりと満足せず、絶えず自分自身で工夫しながら教えられたことを咀嚼《そしゃく》し自分のものにしなければならぬ。

5、稽古にあたっては絶対に無理をせず、自分の体力や体調に応じた年齢相当の稽古をすることが永続きする秘訣であるという心得。

6、合気道は自分自らの人間性向上をはかることが主目的であるべきであり、技能を他に誇るようなことは絶対に慎むべきであるとする心得。

開祖がしたためた「合気道練習上の心得」の中には、「練習は常に愉快に実施するを要す」という簡潔ながら、意味深長な表現があります。この言葉をよく噛みしめて、稽古をしていきたいものです。3項の「愉快」という言葉についてはさらに追記があり、「武道というと、えてして何か肩を怒らせ肘を張る悲壮感を連想されがちであろうが、それはまだ修業者当人が本当の武道の心得も自信もなく、その心得のなさや自信のなさを押し隠そうとしていたずらに虚勢を張っている姿に過ぎない。真に武道の心得のある者はむしろ肩肘の無駄な力が抜けて外見は優姿《やさすがた》に見えるものであり、真に自信があるものはゆうゆうとして常に「愉快」な気分を面にあらわすものである。いわゆる外柔内剛、日ごろは地味で謙虚であり、起居振舞もごく自然で無理がない。つまり、ありのままの自分をありのままに見せながら、自然に生きられる者こそ真の武道の修業者といえるのではなかろうか。」

とあります。

開祖の「合気道練習上の心得」さらには吉祥丸二代道主の著書『合気道のこころ』の解説を踏まえ、私なりに言葉を加えてご説明します。

1、やはり合気道は武道である以上、その技には文字通り「一撃克《よ》く死命を制するもの」が秘められています。

技術が未熟であったり、集中力を欠いたり、また技量や力の優劣を競うような気持ちから、無理な技のかけ方をするようなことがあれば、怪我《けが》をしたり、させたりということがあります。指導者の指導を素直に学ぶ姿勢で稽古をすることが大切です。

2、あらゆる方向からの、あらゆる種類の攻撃に対応できる構えをとること。そのためには一点、一つのことだけに目を向けるのではなく、全体を見て物事をとらえるという発想・気持ちで稽古をしていくこと。それが常に周囲に目を配り、注意を払うスキのない状態を生み出すのです。同じ技であっても相手の特徴やあらゆる攻撃方法に対応できるようになるまで稽古を積み重ねていく必要があります。

3、吉祥丸二代道主の説明に私なりに付け加えるとしたら、「愉快に」ということは「不愉快な思いをしない・させない」ということです。愉快というと「ニコニコ笑って」という意味にとられるかもしれませんが、実際の稽古は、表面的には始終ニコニコとした笑顔が生まれたり、笑い声が上がったりというにぎやかなものではありません。

自分がされて嫌なことは人にしないということです。互いに不快感を抱かないよう、相手を尊重し、投げて、投げられ、互いに高め合っていく稽古は充実感があります。終わった後には清々しい気持ちになるような稽古。それを毎日積み重ねることに喜びがあるでしょう。しごかれているわけではなく、自ら求めて行なう心地良さがあるはずです。

毎日の稽古が終わって、道場を後にする人たちの晴れやかな表情がそれを物語っています。

4、

指導者というのは、技の習得に導くために手本を示しています。稽古は指導者の所作を真似ることから入りますが、指導者と自分は同じ人間というわけではありませんので、全く同じようにすることなど無理な話です。指導者から教わった基本を正しく理解し、それに則ったうえで幅広くとらえていくことが大切です。

5、技の骨子となる基本の体捌きを修練して体をほぐし、温めてから技の稽古に入っていく。「いかなる老人といえども」とはありますが、老若男女、それぞれの体力・習熟度にあわせて無理のない稽古をすれば、怪我をすることなく稽古を積み重ねることができ、必然的に技の習得につながるということです。

6、合気道の目的は「至誠の人」を目指す。至誠とは真心を持って相手に接することができる人のことです。1にもあるように合気道の技には危険な要素も含まれています。人にかけて試してみよう、技の効果をひけらかす、ましてや人を痛めつけたり傷つけたりするような気持ちがあっては至誠の人とは言えません。

稽古法そのものに合気道の理念がある

開祖が唱えた合気道の理念として「和合の武道」「万有愛護の道」「武は愛なり」といった言葉があります。これは至誠の人、真心をもってバランスよく相手と接することができる人を育てる道とも置きかえられます。

合気道は、それをそのまま稽古法が体現しています。

技をかける側（取り）、技をかけられる側（受け）が交互に技の稽古をしていきます。技も偏ることなく、投げ技・投げ固め技・固め技にはそれぞれ立技・座技・半身半立ち（取りが座った状態、受けが立った状態）があり、さらに左右両方、表技・裏技、同じ回数稽古します。得意・不得意関係なく、全ての技を偏りなくできるようになるまで稽古を積み重ねていきます。

また合気道は強さ、力、勝敗を競うものではありません。一つの技を互いがかけあう稽古で、相手のことをよく見て理解し、高め合うことを目標としています。その中で養われていくのが、相手のことを認め、尊重する和合の精神なのです。

技の習得には正確な稽古が必要です。相手と力を争うようなことはせず、かける側も相手を痛めつけるような投げ方、極め方をしない。技を受ける側も相手の技がかからないようにこらえたりせず、自然体で受け身をとります。基本的なことをきちんと素直にやれば、相手にもそれが伝わります。

また、正確な稽古するためには、習熟度、体格、体力、性格などもお互いが配慮し、互いに技を磨き合う気持ちが大切になります。もちろん、馴れ合うということではなく、しっかり打つところは打ち、つかむところはつかむ。素直に正しく技を行うことが大切です。

人間ですから、相手と比べて自分の方が技を上手くできるとか、相手がちょっと気に入らないからといった気持ちが稽古を始めて間もない頃にはあるでしょう。そういった気持ちを稽古を通じて律することができるようにならなければなりません。相手を尊重するためには、自分の負の感情と向き合い、律していく強さが求められます。

相手がいるおかげで稽古ができるのだという気持ちを忘れてはなりません。

闘争心や上手くなりたいという気持ちは理解できますが、そういう気持ちが前面に出てしまうとそれはもう合気道の稽古ではなくなります。相手を嫌がらせたり、不愉快な思いをさせるようでは技がうまくかからないものです。相手を痛めつけようという気持ちは自分の力みや硬さにもつながり、相手もそれを察知し身構え技をこらえようとしてしまいます。それでは正確な技の稽古ができません。

自分がされて嫌なことは相手にしないということです。自分がされて嫌なことを人にすれば、やはり相手も嫌な思いをするでしょう。相手が嫌がることをやる、そういう行為が、今度はやられたらやりかえすという考えにつながり、さらなる不協和音が生まれるものです。

合気道に限らず一般の社会においても同じことが言えるのではないでしょうか。私は人間関係においても否定語をなるべく使わないようにしています。否定から入るとその先に何も生まれません。

まず一回相手の話を聞いて、自分とは合わなくとも、落ち着いてから考えるようにしています。自分のやり方・意見を押し通すのではなく、そうかといって、なんでもかんでも闇雲に受け入れるということでもなく、相手のことをよく見てお互いにとって何が一番適切かを考える。

稽古を通じて、そういった対応力、人との適切な距離感を学び、日常生活にも反映されるようになってくれれば、これほど素晴らしいことはありません。

開祖は「動けば技が生まれる」と言われました。相手と対立して技をかけるものではありません。例えば、相手を無理に押したり、引っ張ったりして崩すのではなくて、自分が動いて導くから、相手が自然に崩れていく。理にかなった体捌きによって、自然に技がかかる感覚を体に覚え込ませていくことが稽古の目的です。

性別、年齢、身長、体重、手足の長さ、体の柔軟性や筋力、技の習熟度、さらには性格や社会的経験も違う、さまざまな人たちがいます。どんな人とでも稽古ができるように相手をよく見て理解する。そして稽古を繰り返し繰り返し積み重ねていくことで、対応力が磨かれていきます。

またその稽古の中で、幅広い物事の捉え方や、相手の気持ちを察した上での適切な距離の取り方、相手のことを理解する・尊重する気持ちも養われ、人間としての幅の広さが生まれてくるでしょう。

稽古をする姿勢として大切なことは、一方方向の稽古にならないことです。自分が相手よりいくら先輩で、いくら力が強かったとしても、稽古の場に立ったら、相手を尊重し、同じ立場で稽古することが大切だと考えます。

相手の動きを止めて説明してみたり、自分の力を誇示するのではなく、お互いを大事にし合うという発想が、そこに求められます。

稽古で相手と触れ合う中で、自分の体の状態、姿勢、物の捉え方、自分の心のあり方と向き合う、見つめ直す……自分を磨くという行為は、独りよがりな姿勢でできるものではありません。人は他者と関わることで初めて自分というものを知り、自分を磨いていくものだと私は思います。

素直であること

稽古では指導者が技の見本を説明をまじえて示し、それを教わる側が稽古の相手を変えながら稽古をしていきます。一人一人に手取り足取り教えていくというものではありません。

武道には「見取り稽古」という言葉があります。指導者の所作や間合い、タイミングなど、集中して目に焼きつけ、それを真似て実践し自分の体に染み込ませて自分のものにしていくわけです。いわゆる「目で盗む」というスタイルです。

かつては武道に限らず様々な習い事、稽古事、また仕事の世界でも、この「目で盗む」という土壌があったように思います。私自身も道場に生まれ育ち、幼い頃から身近に合気道があり、教わったわけではありませんが、見様見真似で自然と技を覚えていきました。また合気道を始める方たちも、ある程度、他の武道や運動の経験を持っ

茨城支部道場での特別講習会　著者の手本を見守る参加者たち
稽古では指導者の一挙手一投足を「素直」に「よく見る」ことが大切

ている方たちが多く、そのような稽古の形式が成り立っていました。

しかし、時代の流れとともに合気道を始める方の年齢層の幅も広がり、また目的も健康維持や体力づくりの方もいらっしゃるので、昔ながらの稽古法そのままにという訳にはいかなくなりました。社会や環境も変わり、稽古する方の習熟度にあわせて、ある程度段階を踏んだ指導が必要となってきています。入門したての初心者には、丁寧に言葉で説明して教えて導いていかなければなりません。

以前は初心者と一般といったクラス分けはせず、稽古の際に初心者の方だけ集めて手ほどきをした後は、一般の会員と一緒に稽古をするという方式をとっていました。その方が早く身につくものでしたが、現在では入門して二〜三カ月は初心者クラスで稽古をするという形をとっています。

「この時に手をこのように動かすのはこういう理由がある」「この動きを反復して稽古するのは、この技のこの動きに活かされるから」という風に、言葉、理論で説明を受けて頭で理解してからでないと体が動かない、また丁寧に説明を受けた方が「教えてもらった」と納得する、という方が近年はとみに多いように見受けられます。

人間の体の構造や仕組み、筋肉の働きなどの理論を事細かに研究、理解しようとする方もいます。しかしそういったものの研究の上に技が出来ているのですから、頭で考えるより、まず身体で覚えてほしいと思います。

理屈にとらわれてしまうとかえって体が動かなくなるものです。吉祥丸二代道主は「武道の『研究』をしているのか、武道そのものをやっているのか、そこをはき違えてはいけない」と言われています。

不思議なもので、ある程度年齢を重ねた方々の方がそういう傾向にあるように思います。

アルゼンチンで行われた講習会（平成29年）。著者の指導を食い入るように見つめる現地会員たち。「目で盗む」という日本の文化が海外にも定着している

古くから伝わっている「よく見て覚えなさい」という感覚は、若い人や小学生、中学生くらいの方が素直に受け入れるものです。細かいことを言わずに一緒に体を動かしているうちに自然と体で覚えていきます。

若いから物事を吸収するのが早く、歳を重ねると時間がかかる、ということは合気道に限らず、よく言われることです。これは運動能力や運動神経の問題ではなく、知識や経験にとらわれない「まっさらな素直さ」からくるものではないかと私は思います。

赤ちゃんが生まれて、親、兄弟、家族のやっていることを見ているうちに、教えてもいないのに、言葉を聴き行動を見ているうちに自然と吸収して覚えていく。そういう感覚に近いものでしょう。

年を重ねるといろいろなことが心にも体にも吸収さ

れています。新しいことをやろうとした時に、本人は真っ白な気持ちでいたとしても、知らず知らずのうちに出てきてしまうのかもしれません。

物事を教わる時は、まっさらな気持ちで、まず指導者の言うこと、手本を素直に受け入れる。疑問から入るのではなく、まず素直に受け止めて、相手のことをよく見て、それでうまくいかない時に初めて「なぜできないのだろう」と考える。「なぜそうするのか」ばかりが先行して、説明が多くなりすぎては稽古はなかなか進みません。あまり頭で考えず、よく見て、そのまま素直に真似をするということから入る方が技を稽古する回数も増え、自然と上達へとつながるものです。

確かに一つ一つの技に、それぞれ手刀の動かし方、つかみ方、握り方、足の運び、タイミングなど細かな要点はあります。それらを最初から全て覚えて、すぐに出来るようにするのは、簡単なことではありません。

部分部分ではなく、まずは技の全体像と流れをつかみとる。適切な間合いをとりつつ、相手の攻撃を入身・転換の体捌きを活かし捌いて相手を崩し、呼吸力を活かして

お手本を示した後は会員同士が技をかけあい稽古をする
指導者もその輪に入り、巡回して指導する

導き投げる、固める。それを繰り返していくうちに、それぞれの技の細かなポイントが見えてくるはずです。そこを指導者がどのように行なっているか、さらによく見て、また稽古に反映させて自分のものとしていく。

例えば、絵を描く時に、まず全体像を描いてから細部を書き込み、色を塗っていくはずです。お手本をよく見て、全体から細部へと線・色を重ねていって作品を作り上げていくという感覚です。

そして指導者は、基本に忠実な技、そして質の高い手本を示すために、日々研鑽を積まなければなりません。

教わる人は「教わる」という受け身の姿勢ではなく、「吸収する」「学び取る」という姿勢。そして指導者は「教える」というよりも、良いものを「示す」事と、学ぶ側を「導く」事が理想です。

毎日の稽古は、新しいことを吸収するために自分を真っ白にする時間でもあります。気持ちを新たにして日常生活に戻っていく。普段の生活ではなかなか得られない体験です。それが稽古する方の人生をより豊かなものにしてくれるでしょう。

構えと間合い

ことさらに身構えるということではなく、無理なく動きやすい自然体でいることが大切です。もう少し具体的に言うと、前後左右あらゆる方向に対応できるよう、半身に構え、臍下丹田に重心を置いて下半身を安定させ、楽な気持ちで構える。

そして相手がどんな攻撃でくるのか、また動きだし、タイミングをとらえられるように、相手の一部ではなく、相手の全体像をとらえる。必然的に、間合いの取り方も相手の全体をとらえられる距離になります。

相手との距離が近すぎると相手の全体を見ることはできませんし、遠すぎると相手の微妙な

自然体に構え、相手の全体をとらえられる適切な間合いをとる

動きや気配を感じることができません。近づきすぎず、離れすぎず適切な間合いをとることです。

間合いは相手の体格によっても変わってきます。自分より体の大きい人に対しては少し距離を広めにとる。体の大きな人の懐に入ってしまうと、どうしても相手の力に引き込まれてしまい、うまく動けず正確な技の稽古ができません。逆に自分より小さな人との場合は距離を少し狭くしないと、相手を力で引き込んでしまうことになり、上手く技がかけられません。

それは基本ではありますが、相手の瞬発力や技の練度によって、その時々で微妙に変わってくるものです。この人はこうだと決めつけすぎてもよくありません。先入観にとらわれず、どのようにも対応できるようにする。

何でもそうだと思いますが、よく見ることと同時に、偏見を取り除くこと、先入観を取り除くことが大事です。自分がこうだと思って、その人を見るのではなくて、何もないような状態。いつもまっさらな状態で物事に対応できるような柔軟な姿勢です。そのためにはやはり様々な方と偏りなく稽古をしていくことで適切な間合いの取り方、感覚、平常心を養うことが必要です。

そしてもう一つは全体像をとらえるということ。部分部分のみにとらわれていると、「この人はこうである」という「決めつけ」や「とらわれ」が生まれます。総合的に物事をとらえる。それが一番対応力の高い、スキのない構えにもつながるのです。

人間関係においても「ちょっと苦手だな」と思うような相手でも、真っ白な気持ちで、その人の全体像を見てみれば、良いところ、好きなところも見えてくるはずです。そうすれば偏見や決めつけは消えるものです。稽古を積み重ねていくことで、そういう姿勢も自然と磨かれていくことと思います。

基本の体捌《たいさば》き――入身・転換・転身・転回

合気道の技の骨子となる基本の体捌きに、入身《いりみ》・転換・転身・転回があります。これらの組み合わせにより、相手を崩し、投げ、固め、制していきます。

入身は相手の力とぶつかりあわないよう、相手の攻撃の線をかわして一重身（ひとえみ）に相手の側面・死角に入る体捌きです。もう一つは相手の懐、中心に入り、相手の中心線を崩していく動きです。

転換は体の回転、体の軸・中心の力を活かして相手の攻撃を円《まる》く捌いて、導き崩していく体捌きです。半身の構えから前足を一歩踏み出し、相手の側面に入り、回転の中心に導きいれるように捌きます。

転身は体を横に開いてから回転し攻撃をかわす。相手が攻撃を仕掛けてきたのと同時に後ろ足を開き、その足を軸に前足を回転させます。攻撃の勢いを利用して丸く捌いて崩していきます。

転回は半身の構えから、両足を軸に180度向きを変える捌きです。

これらを組み合わせて、相手の力とぶつからないよう、円く捌いて導いて崩していくのが合気道の技の特徴であり、これを「円転の理」と言います。

しっかりと回転して捌くためには体の軸がブレてはいけません。しっかりとした中心を維持するために基本の体捌きを繰り返し稽古します。体捌きをいかして体全体の動き・力を効率よく動かせて相手を崩して技をかけていきます。

呼吸力と呼吸法

合気道では、全身の構造にしたがった自然な動きにより、効率よく集中して発揮された力を「呼吸力」と呼んでいます。

「呼吸」という言葉にとらわれると「吸う」「吐く」という「呼吸」や、タイミングや動きなどを一致させる「呼吸を合わせる」という「呼吸」だと思われるかもしれません。

例えば湯呑みを持ってお茶を飲む時、肩や肘に力をこめて飲む人はいません。自分の手前まで持ってきてスッと口に運んでいきます。下に置いた物を運ぶ時、ヒザを曲げ腰を下ろして持ち上げます。それぞれ無駄な力を使わず、体の構造にあわせて無理のない動き、一番効率的な動きを何も考えずに自然と行っているはずです。

呼吸力もそれと同じく、無駄な力の抜けた自然体の構えから効率よく発揮されるものです。

その呼吸力を養うための稽古法を「呼吸法」と呼びます。体の中心から体全体の力を、相手と触れている手を通じて発揮していく稽古です。毎回の稽古でも、必ず鍛錬しています。

技の流れの中で、体捌き・呼吸法を正確に行うには、技・体の鍛錬だけでなく、稽古を積み重ねた上に練り上げられる、精神の集中、落ち着きも必要になります。相手の気持ち、体格、動き、速さとの調和も必要になります。

上手くやろうとか、相手を倒そうという気持ちにとらわれないことです。そういった気持ちは相手にも伝わり身構えさせてしまいますし、自分にも余計な力が入り、自然な動きができなくなります。相手と争う気持ちを捨てて、一体となる気持ちで行わなければなりません。

そして自分の心と体の動き、これが調和して一つとなった時に発揮されるものを「気」と呼ぶのだと私は解釈しています。

言葉にするのは簡単ではありますが、どの技でも、誰とでもできる。これを実践するとなると相当な稽古の積み重ねが必要です。

また呼吸力というのは、何百キロもあるものを動かしたり、触れずに相手を吹き飛ばしたりというような超能力のようなものでもありません。

演武などで見受けられる、高段の師範の力量や隙の無さに襲い掛かれず動けない、またこのまま襲い掛かれば攻撃を受けてしまうから、それを避けるために自ら飛ぶ……そういう現象も理論上無いわけではありませんが、それはお互いの関係性の上に成立する表現・世界の一つであって、私たちが日常行っている稽古の本質ではありません。

稽古の最後に呼吸法を行い、呼吸力を養成する

呼吸法で自分の持つものが全て発揮されたとしても、稽古年数の違いや体格・力の差で技がかからないこともあります。しかし「負けた」とか「悔しい」と思う必要はありません。合気道は優劣や勝ち負けを競うものではありません。そういう相手に敬意を持ちながら、できるようになるために稽古を続けていく。そうでなくては合気道の稽古とは言えません。

適切な間合い、入身・転換・転身・転回の際の中心の維持、そして呼吸力を活かし技をかける。

体捌きにより相手の攻撃とぶつかりあわないように捌いて、体勢を崩し、相手の力が働きにくい状態を作り、呼吸法を活かして自分の力を効率よく最大限に発揮して

相手の力が働きにくい方向へ関節を極め、投げる・固めるのも
合気道の技の特徴

技をかけていくのが合気道の技の特徴です。

　投げ技、投げ固め技、固め技などで相手の関節を極める際も、逆関節ではなく、順関節、関節が曲がる方向に極めていきます。相手の力とぶつからないように、相手の力が働きにくい方向へと関節を極め制していきます。

表技と裏技

　同じ技でも、大きく二つに分けられ、それを表技・裏技と呼び分けています。厳密に言えば、表の捌きのみで、表と裏の区別がない技もありますが、表技と裏技の違いを端的に言えば、表技とは、相手の懐に直線的な動きで入身して相手の中心に入り、崩していく技。裏技とは、相手の側面に入り、転換して導き体勢を崩していく技です。入身して（表）技をかけにいき、前に行きたいけど相手と力がぶつかってしまった場合、相手の側面に（裏）入り、転換して技をかけます。表技と裏技を左右どちらでもできるように全て稽古します。

ただし表はこう、裏はこう、と分けて考えるのではなく、同じ技を相手の状況に応じた体捌きで行うという感覚で稽古をした方が、理解も習得も早くなるでしょう。

次のページから連続写真を用いて、基本の体捌きと呼吸法、それらが技の中でどのように生かされているか、また表技と裏技について解説していきます。これを理解することが技の習得にはとても大切で、私が常々講習会などで指導していることでもあります。

入身（いりみ）

相手の攻撃の線を外し、側面・死角に入り、相手を制する体捌きです。

❶相対する。

❷～❹受けが手刀を振り上げると同時に、取りは後ろ足から大きく受けの側面に入身し、受けの首と手刀を制する。

※合気道の稽古では技をかける側を「取り」技をかけられる側を「受け」と言います。

❷

❸

❹

❺

転換

相手の側面に入り、体の回転と中心の軸の力を活かして相手を制する体捌きです。

❶相対する。
❷～❸受けが取りの手首をつかむと、取りは前足を受けの側面に踏み出す。
❹踏み出した足を軸に回転しながら、手刀を上げ受けを制する。

◆別角度から

❹

❸

❹

❸

転 身

体を横に開き、回転し攻撃を導く体捌きです。相手が攻撃を仕掛けてきたのと同時に後ろ足を開き、その足を軸に前足を回転させます。攻撃の勢いを活かして円《まる》く捌いて崩していきます。

❶相対する。

❷〜❹受けが手刀を振りかぶると同時に後ろ足を開き、その足を軸に回転し受けの受けの手刀を導きながら、受けの面を打つ。

❺〜❻右足を開きながら円く捌いて、受けを導く。

❸

❹

❺

❻

転回

転回は半身の構えから、両足を軸に一八〇度、向きを変える捌きです。

❶相対する。
❷〜❸受けが手首をつかむと同時に、つかまれた手刀を開きながら当身を入れ、前足を受けの側面に進める。
❹〜❺後ろ足を大きく進めながら手刀を振りかぶり、両足を軸にして体の向きを変える。

❷

❸

❹

❺

正面打ち入身投げ

入身、転換の体捌きを活かした合気道の代表的な基本技です。

❶相対する。

❷～❸受けが手刀を振り上げると同時に、取りは後ろ足から大きく受けの側面に入身し、受けの首と手刀を制する。

❹転換し受けを崩す。

❺～❻受けを肩口に導き、手刀を振り上げる。

❼～❽後ろ足を大きく進めながら手刀を振り下ろして投げる。

❸

❹

❻

❼

❽

横面打ち四方投げ

転身の体捌きを活かした投げ技です。

❶相対する。
❷〜❸受けが手刀を振りかぶると同時に後ろ足を開き、左手で受けの手刀を制し、円く捌きながら受けを導く。
❹〜❺受けの手首をつかみ、もう一方の手を受けの手首に当て、後ろ足を進めながら振りかぶる。
❻体の向きを変え、受けの小手を制する。
❼〜❾斬り下ろして投げる。

❸

❹

❻

❼

❽

❾

片手取り回転投げ

転回の体捌きを活かした投げ技です。

❶相対する。

❷～❸受けが手首をつかむと同時に、つかまれた手刀を開きながら当身を入れ、前足を受けの側面に進める。

❹～❻後ろ足を大きく進めながら手刀を振りかぶり、両足を軸にして体の向きを変える。

❼～❿受けの腕を斬り下ろし、受けの頭部と首のつけ根を制し、受けの腕を押し込むようにして投げる。

❸

❹

❻

❼

❾

❿

正面打ち第一教（表）

表技と裏技の違いを合気道の代表的な固め技である第一教で説明していきます。

❶相対する。
❷受けが手刀を振りかぶると同時に、取りは前足を斜め前に開きながら、受けの手首と肘を制する。
❸〜❹受けの腕を斬り下ろして前進して受けを崩す。
❺〜❻さらに前進し受けをうつ伏せに押さえ、受けの手首・肘を制する。

※❷〜❹直線的に受けの懐に入身して崩していくのが表技です。

❸

❹

❺

❻

正面打ち第一教（裏）

❶相対する。

❷〜❸受けが手刀を振りかぶると同時に、取りは後ろ足から受けの側面に入身し、受けの手刀と肘を制する。

❹〜❺入身した足を軸に転換しながら受けの腕を斬り下ろす。

❻〜❼受けをうつ伏せに押さえ、受けの手首・肘を制する。

※❷〜❺受けの側面に入身し、転換しながら受けを崩していくのが裏技です。

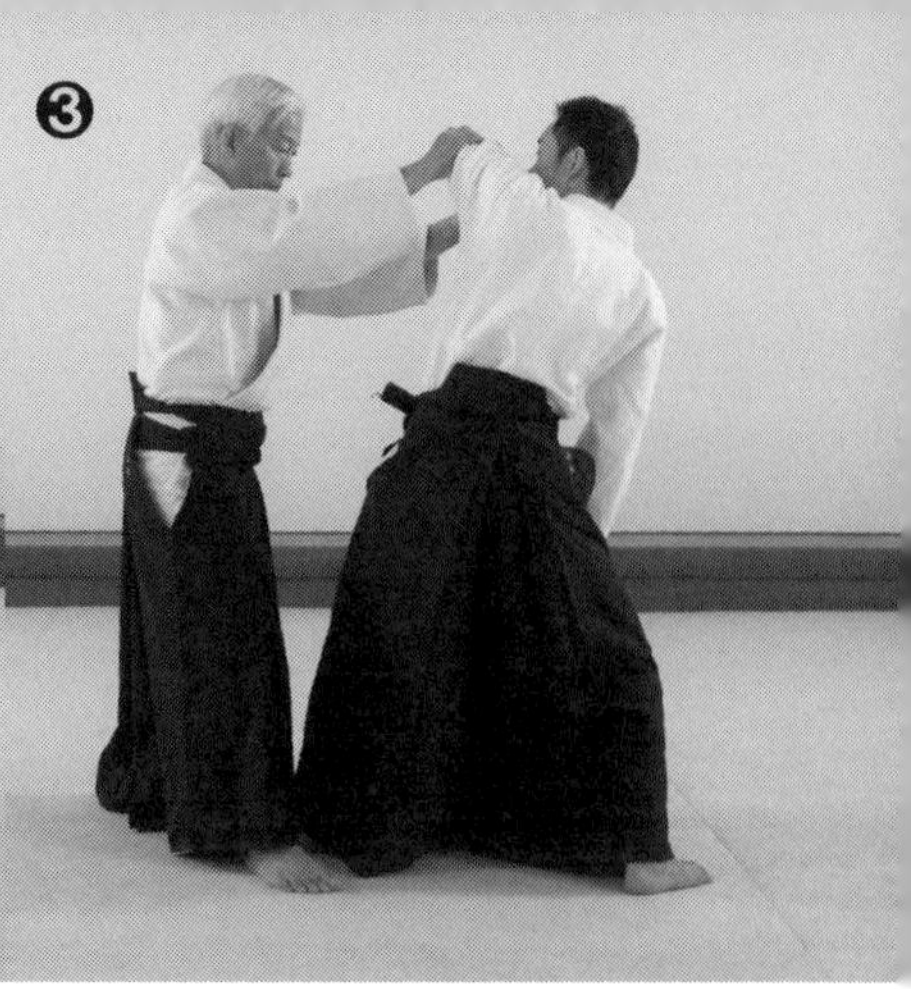
❸

❹

❺

❻

❼

片手取り四方投げ（表）

続いて四方投げで表技と裏技の違いを説明していきます。

❶相対する。
❷〜❹受けが取りの手首をつかむと、取りは手刀を立て、後ろ足を進めながら、もう一方の手を受けの手首に当てる。
❺〜❻さらに一歩進めながら手刀を振りかぶると、体の向きを変え、受けの小手を制する。
❼〜❽斬り下ろして投げる。
※❷〜❺前進しながら手刀を振りかぶり、受けを崩します。

❸

❹

❻

❼

❽

片手取り四方投げ（裏）

❶相対する。

❷～❹受けが取りの手首をつかむと、取りは受けの側面に入身し、転換しながら手刀を振りかぶる。

❺体の向きを変え、受けの小手を制する。

❻～❼斬り下ろして投げる。

※❷～❹受けの側面に入身し、転換しながら手刀を振りかぶり、受けを崩します。

❸

❹

❻

❼

呼吸法（座）

整った姿勢と体の働きにより発揮される、統一された体全体の力を呼吸力と言います。その鍛錬方法が呼吸法です。呼吸法によって手刀を通じて体全体の力を伝える感覚を養っていきます。

❶相対する。
❷取りは両手首を受けに両手でつかませる。
❸取りは両手刀を振り上げる。
❹受けを崩す方向と同じ側の膝を進め、両手刀を斬り下ろす。
❺受けを仰向けに抑え、両手刀で制する。

❸

❹

❺

※❸両手刀を振りかぶる時には、両肘を開かないように、下から丸く振り上げ、体全体のまとまった力を手刀を通じて伝えていきます。

※❺受けを制する時には、内側の膝を受けの脇につけ、外側の膝を受けの手首の下につけます。

諸手取り呼吸法（表）

❶相対する。
❷〜❸受けが取りの手首をつかむと、取りは後ろ足を進めながら手刀を振り上げる。
❹〜❻受けの背後にさらに一歩深く進め、腰を切って両手刀で斬り下ろすように投げる。
※❷〜❸前進しながら入身し、体の中心から手刀を振り上げます。

❷
❸
❹
❺
❻

諸手取り呼吸法（裏）

❶相対する。
❷〜❹受けが取りの手首をつかむと、取りは受けの側面に足を進め、転換しながら手刀を振り上げる。
❺〜❻受けの背後に前足を進め、腰を切って両手刀で斬り下ろすように投げる。

※❷〜❹側面に入身し、転換しながら体の中心から手刀を振り上げます。

❷

❸

❹

❺

❻

天地と一体となるということ――自然の理に逆らわない

開祖は「天地と一体になる」「宇宙の中心に立つ」「我すなわち宇宙」という言葉で、合気道の技をかける際の心の境地を説明しています。

「宇宙」「天地」と言うととても壮大で、人によってはイメージしにくいかとも思いますが、私がこれまで説明してきたようなことを総合して、「宇宙」「天地」と表現されたのだと思います。

お互いの動き、体の構造・仕組みに逆らうことなく、自分の持つ自然な力を無駄なく発揮して技をかけていく。

力みや硬さを生み出すような、力を争うとか、技を上手くやろうという気持ちを捨て、理にかなった自然な動き、言葉を変えれば物理的な法則のもと一つに溶け合い調和し一体となる。自分も相手もなく、澄みきって全てが一体になっている状態だと言えます。

そこには争う気持ちも生まれず、「武は愛なり」という言葉にもつながっていくのだと思います。稽古を積んでいくと意識して技をかけなくとも、機に応じて反射的に、技がかけられるようになります。それが進めば相手と同化し、戦うという関係そのものを必要としなくなるのです。

技の稽古を通じて体を練る

合気道は力・筋力を使わないと言われることがありますが、これは体の働きを妨げるような無駄な力・無駄な筋力を使わないという意味です。合気道の稽古を重ねた人で筋骨隆々になる人はいませんが、技と稽古を積み重ねる中で、細身の人でも背中や体の裏側に筋肉がついてきますし手首も太くなっていきます。受け身を繰り返しているうちに首も強くなりますし、腹筋もついてきます。技の稽古を通じて自然と体が練られていきます。

技の稽古の中で自然と体が鍛えられ、技に必要な筋力はついていきます。ですから稽古の際にパッと手が触れ合った感触で、「この人は稽古を積んでいるな」というのがわかるものです。

稽古を積み重ねていくために最低限の基礎体力は必要ですので、運動経験のない初心者は、いきなり技の稽古に入らず、しっかり受身を取れる体力をつけるための補助的な運動をすることもあります。

また大学の合気道部などでは稽古に必要な体力を養成するという意味で、入部しての新入生は体力づくりの補助運動をするという場合もあります。

しかし、ことさらに筋力トレーニングなどで強化する必要はないと思います。合気道に必要な筋力は、合気道の技の稽古によってつけられるものです。

人間ですから、もっと強くなりたい、普段の稽古だけでは足りないのではないか、と思ってしまうのも無理のないことだと思います。そういった自分を高めたいという気持ちからくる葛藤、試行錯誤自体は否定はしません。また人間、誰でも年をとり筋力が衰えてくるものです。それを補わなければという気持ちもあるでしょう。しかし、長年稽古を重ね、年をとり筋力が落ちてきた頃には、技の正確さや相手と調和する力、間の取り方なども加わり総合的に向上しているようでなくては合気道の稽古を積んだとは言えません。技に必要なのは筋力だけではないということを忘れないでいただきたいと思います。

稽古を積み重ねた先に発揮される総合的な力

稽古で私がよく言っているのは、「引っ張るのではなく、自分の中心に相手を導く」ということです。合気道の技は無理に相手を「押す」「引っ張る」のではなく、自分が体を動かすことで相手の体が自然と崩れるように「導く」ものです。引っ張ると相手は反発してそこで力比べが起きてしまいます。つかまれている、つかんでいる手や腕に力を込める、力を入れるのではなく、手や腕を通じて持っている全身の力を出し、伝えるという感覚です。

心のあり方が変わると、すぐに動きの質が変わっていきます。それは稽古で触れた瞬間に伝わるものです。相手や技の駆け引きに、心がとらわれると、自分では気がつかなくとも、相手と対立する雰囲気がはっきりと出てきます。そうなると動きも硬くなり、技の滑らかさや流れが失われてしまいます。こういうことは、頭で考えても分からない事です。素直にそれを感じることが大切です。

いまから四十年ほど前、私が大学を卒業して指導の道に入りたての頃のことです。渡辺正さん（元財団法人合気会監事）に稽古をお願いしたことがありました。長年稽古を続けてきた方で、私の父と同年代でしたから当時、五十代半ばでしょうか。私よりもはるかに年上の方なので、体力も瞬発力も若い私の方が上なのですが、渡辺さんの技には、稽古を積み重ねきた人から醸し出される、なんとも言えない円熟味・安定感がありました。無駄な力は使わず、呼吸力をうまく使って相手を崩し、技をかけていく。筋力や若さではない、積み重ねた強さというものがあるのだとその時に感じました。

そこには稽古だけでなく、その方の人生経験、社会経験も加味されてくるでしょう。

合気道はそうでなければならないと思っています。

体力、瞬発力、柔軟性もあり、力強く、若さあふれる技、これはこれでいいものです。稽古でどんどん新しいことを吸収していく喜びもあるでしょう。その時はそこに没頭すればいいと思います。

しかし、そこにとどまらず、その先も稽古を続け、年を重ねた先には、肉体的には力が落ちても、技は磨かれ、人間的な成長も加味されてまた素晴らしいものが生まれてくるはずです。

「道」というものは人生に寄り添うものです。自分から辞めない限りずっとその人の傍らにあり続けます。合気道の稽古が日常の中にあり、稽古とともに生きる。稽古に真剣に打ち込み、技術を練り、ぶれない信念を持って稽古を積み重ねる。その人の人生、経験がにじみ出てくるのが合気道です。

基本に極意がある

私が父・吉祥丸二代道主からよく言われたのは、「膝をゆるめて、少し腰を落として、中心をしっかりさせて、大きく動きなさい」ということでした。力が入ってしまうと縮こまってしまい、動きも硬くなり小さくなります。力を抜きすぎても技はうまくかかりませんし、意識しすぎないように、自然と無駄な力が抜けるようにするためのアドバイスだったと思います。

また「細かなことは毎日稽古していればできるようになる」とも言われました。一つ一つの技法についてはそれぞれの要点がありますが、細かなところにとらわれすぎると、スムーズには体が動かなくなるものです。そうすると相手の力とぶつかることになり、技がうまくかからなくなります。しっかりとした基本に基づいて稽古を積み重ね、まず技全体の動きを体に染み込ませていくのが確実に上達する方法であり、唯一の道だと私は思っています。

技は全てつながっています。ここまで説明してきた技の骨子となる基本の体捌きと呼吸法はどの技にも共通するものですから、これがしっかりとできるようになれば、それぞれの技の細部については稽古を重ねているうちに自然と覚えていくものです。習得開祖は入門して最初に教わる第一教に「極意がある」とおっしゃっています。習得のための便宜上、段階的に稽古できるよう基礎の技、基本技、応用技という形にしてはありますが、突き詰めればどの技も基本の体捌きと呼吸法の組み合わせからなっており、全ての技が合気道の究極の技であり、極意だと言えます。

立技、半身半立ち、座技とでは立った状態、座った状態による間合いの違いもありますが、体捌きは同じです。応用技になったらできない、座り技になったらできないということは、基本技でもしっかりとした体捌きと呼吸法ができていないということです。技の違いを意識しすぎることなく、基本となる体捌き・呼吸法をしっかりと行うことが幅広い技の上達につながります。

武器取りの技になると間合いだけでなく、制する場所（刃に当たらないように）、また武器であることへの恐怖心・緊張感などが要素に加わってきますが、やはり相手の全体をよく見て、基本の体捌き・呼吸法をしっかりと行うことです。

そうは言っても生身の人間がやることです。相手も一人一人違う人間です。全ての技を誰に対しても同じようにできるかというと、これはなかなか難しいことです。ですから五級の人が稽古する基本技を、六段になっても七段になっても、みんな同じように稽古し続けていくことになります。基本でありながら永遠に続けていく極意なのだと思います。

そうやって積み重ねた基本技は、形だけは一応同じ技ですが、五級と高段者では、まるで違う技に見えるほどの完成度の違いが出てくるものです。

硬い稽古と柔らかい稽古

基本をしっかりと習得する稽古を「硬い稽古」と言うことがあります。硬い稽古と

体捌きを活かして手刀を通じて力の働きを伝える手本を示す著者

言っても力を入れて踏ん張って、頑張ってということではありません。とは言え、力むなと言われてもなかなか難しいものです。ただ力を抜けばいいというものでもなく、余分な力を抜くというのはそれなりの熟練が必要になります。

硬い稽古では握りはしっかり握りますが、関節は柔らかくする。ゆっくりでもいいので、全身の力の働き、体捌きが活かされているかどうか、技をかける側、受ける側がしっかりと感じ取りながら動きを身に着けていく稽古です。

そういう稽古を積んだ先に到達するのが「柔らかい稽古」です。力の働きや体捌きをことさら意識せず、お互いが流れるような動きの中で技をかけて、かけられしていく稽古です。「気の流れ」と表現されることもあります。ただ動いているのではなく、理にかなった体捌きを滑らかに行います。理にかなった動作により技がかかっています。

受けが自分から飛んで行っているように見えると言われることもありますが、これは示し合わせているわけではありません。

取りと受けがいて、受けは自分の身を守るために受け身をとる。取りが体捌きによって受けを崩した時、受けはそこで踏ん張ったり、こらえたりせず、身を守るために受け身を取る。そうやって技がかかっているのです。だからこそ取りも正確な技の稽古ができるのです。逆に、しっかりと崩されていないのに、受けが勝手に投げられてしまっては、取りの正しい稽古にはなりません。

お互いが相手のことを理解し、適切な間合いの中で、技のかかり具合を感じながら正確な稽古をする。

演武でも、派手に見せるために受けがわざと飛んでいるのではなく、正確に技がかかり、正確に受け身をとっているところを披露しているのであって、取りと受けの力比べや勝負を見せているわけではないのです。

触れてもいないのに、技がかかってもいないのに投げ飛ばされるということは合気道ではありえないことですし、そう見えているのだとしたら、それはかける側もかけられる側も稽古に問題があるのだと思います。

硬い稽古と言っても、力を入れてガチガチに張り合う稽古ではありませんし、柔らかい稽古と言っても脱力しきった稽古をするということではありません。硬い稽古で基本を体に染み込ませた先に、流れるような動きの柔らかい稽古があるのです。

柔らかい稽古は基本が身についているから出来るのであって、初心者が真似をしてもまともな稽古にはならないでしょう。また上級者だからといって、硬い稽古をしなくてもいいかというとそういうことでもありません。

初級者と上級者が稽古をすることもあります。そこはお互いが正確な稽古をできるよう、硬さ、柔らかさをあわせていく。上級者は基本を改めて確認し、初級者は合気道に必要な柔らかさを感じ取る。そうやって互いがそれぞれの習熟度にあわせて向上していく。そういう稽古を心がけていただきたいものです。

技に完成はない

入門してすぐに教わる第一教、入身投げ、四方投げという基本技があります。シンプルに入身と転換の体捌きと呼吸法を活かした技ですが、上級になったからといってこの技の稽古をしなくなるわけではありません。入門して二十年、三十年と経った人でも繰り返し稽古をしています。

さきほど技には自分がにじみ出てくるものと言いました。時が立てば身体的にも精神的にも人間は変化していきます。若い人は成長しますし、ある段階からそれは老いへと変わっていきます。筋力が衰えたり、関節が硬くなったり、その反面、経験を重ねた分だけ、落ち着きが生まれ力みが抜けてきたり……人間の体は日々変化していくので、その時その時の状態に合わせて技を稽古しなければなりません。つまり稽古のたびに、自分の体と心に向き合う必要があります。

技には完成というものはなく、稽古は一生続くものです。

新しい自分、新しい技と出会い、またそれは稽古する相手についても同じです。そう考えると、技というものは一期一会で、その時の技はその一回限りなのかもしれません。

完成のない技の稽古を積み重ねていくことは大変厳しいものではありますが、そこには常に新鮮な気持ちで稽古を続けていく喜び、新しい発見もあるのではないでしょうか。合気道を長年稽古している人は実年齢よりも若く見られることが多いようですが、体の鍛錬だけでなく、そういったところも関係しているのかもしれません。

投げ技、投げ固め技、固め技があり、それを立った状態、半身半立ち、座った状態、さらに相手の攻撃方法、さらには表・裏、捌き方の違いを加えると技数はゆうに百は超えるでしょう。それら全てを習得するために満遍なく稽古するのですが、一通りできるようになるまでには、毎日稽古をしたとしても数年はかかります。それがどんな相手とでも、いつでも同じように出来るようになるとすると……

初段取得が一つの目標であり、それを機に稽古に来なくなってしまう人もいます。実は、そこから基本をさらに磨き上げていく稽古が新たに始まるのです。

長い年月の稽古の中で、どの技も今日はうまく出来た、うまく出来なかった、といった日々異なる事の繰り返しで、そういう意味では自分の得意な技、苦手な技というものは、誰も持っていないのではないでしょうか。

なんのために稽古をするのか

稽古は一生続く。では何のために稽古を続けていくのか。入門して毎日、投げて投げられを繰り返し、身体を動かし汗をかく爽快感、いろんな方と稽古し仲良くなることの楽しさもあるでしょう。稽古を続けていくうちに、もっと上手くなって昇級・昇段したい、別の技も覚えたいという人もいるでしょう。それはそれで、具体的な目標であり、やりがいです。

しかし、ただ単に技術習得や、楽しみにとどまるような稽古を続けて欲しくはありません。本来、殺戮・殺傷の手段であった「武術」を、人を育成する「武道」に昇華させて、現代まで伝え続けてきた先人が求めたものは何だったのか。

開祖が遺された「合気道練習上の心得」に「合気道は心身を鍛錬し至誠の人を作るを目的とし」とあります。至誠の人とは、どんな相手に対しても真心を持って接することができる人のことです。これまで述べてきた合気道の稽古法の根底にある精神を社会生活の中でも実践できる人になって欲しいと思います。

「真心を持って人に接する」と言葉にするのはたやすいことですが、人間である以上、人の好き嫌いはあります。体調や機嫌がいい時ならともかく、そうでない時にできるかどうか。人生の中で、社会生活の中で様々なことが起こり、仕事や家庭などの事情で気持ちの浮き沈み、理性を保てないような時もあるでしょう。それは手をとりあい肌を通じて敏感に伝わっていくものです。

合気道を稽古してさえいればそれらを全て乗り切れるとまでは言いませんが、それでも稽古を通じて、苦しい時も自己を律して真心を持ち続ける強さをもった人になっていって欲しいと願っています。

　敵だと思うことにより身構えたりせず、そういう気持ちを律する。争わないからこそ辿りつけるどんな状況・相手にも対応できる隙の無さ、無敗の境地……かくいう私がそれをできているのかと問われれば、まだまだです。

　開祖でさえ、晩年「爺《じい》は一生修業じゃ」と言われました。また「爺には弟子はおらん。でも稽古をする仲間はいっぱいおるよ」とも。

　私自身も「至誠の人」となるべく、いつまでも修業の身だと思っています。皆様とともに同じ道を歩んでいます。技には完成が無いと言いましたが、それ以上に大変な道であり一生かかってもたどりつけない境地かもしれません。

　少し稽古したくらいで悟りが開けるようなものではありませんが、すぐに結果を求めずに、努力を積み重ねること自体が尊いことなのだと思います。

　理想は確かにあるわけで、そこに向かって向上心を持って歩み続ける。それが「道」というものなのでしょう。

合気道に試合はない

「合気道は試合をやらないのですか？」と問われることがよくあります。そもそも試合をやらないのではなく、試合がないのですから、どう答えたものかと少しばかり困ります。

合気道の稽古方法は、取り（技をかける側）と受け（技をかけられる側）が交互に技をかけあうことを反復します。技をかける側、かけられる側が交代する。つまり稽古の半分は受け身に費やされることになります。受け身で身を守る術を身に着けていくこともありますが、投げられる側になってみて感じることもたくさんあります。

体捌きによって力がどのように働いていくのかを感じ取っていく。あらためて自分の技のかけ方がどうであったかを見つめ直す機会でもあります。その中で相手を尊重する気持ちも養われていきます。その稽古を積み重ねていく中で、相手と調和することの大切さを学んでいき、身も心も鍛錬していきます。

優劣や勝敗を競うことを目的とはしておらず、稽古の中で技を習得し、心身を鍛え、互いに高めあうことを目的としています。試合はありませんし、技の完成度を採点し競い合うようなこともありません。

しかし、私は試合・競技があるものより、合気道が優れているということを言いたいのではありません。勝敗、優劣を競うものであっても己を律し鍛錬を積み重ね、また審判、指導者、対戦相手、また競技によってはチームメイトに敬意を払い、正々堂々と戦い、お互に切磋琢磨し健闘をたたえ合う。それは素晴らしいものですし、世の多くの人々に認められているところです。

試合や競技がなくても相手と力を争う、優劣を争うという気持ちがあったり、師や稽古の相手に対する敬意や、己を律する心、向上心に欠けるようでは、それはもはや合気道ではなくなってしまいます。

これは優劣ではなく、違いであり、さらに大切なのは何を行うかではなく、どう行うか。大切なのは取り組む人の心のあり方です。私は合気道を何かと比較して優劣を論じるつもりはありません。

何かと比べて張り合うよりも、自分が良いと思っているものを磨き、高めていくことこそ修業であると思います。私は合気道が素晴らしいものだと知っていますし、そのことを信じて伝え続けていくだけです。稽古における手本と同じです。良いものをただ示し続ける、それがよい結果につながるのです。

平成二年（一九九〇）には、ＮＨＫ教育テレビ「スポーツ教室」で合気道が放映されました。非常に好評であったため、翌平成三年にも、合気道（中級編）が同教育テレビで放映され、以後何回か番組化されました。これは合気道を学びたいと思っている潜在的な人口が多いことの一つの現れと私は捉えています。

実は、ＮＨＫ側から「スポーツ教室」の企画の依頼が来るずっと以前、私は合気道の解説書を片手に、合気道を教える番組を作ることができませんか、とＮＨＫを訪ねたことがありました。その時は、合気会が日本体育協会に入っていないということだけで相手にされませんでした。

皇學館大學の授業で指導に当たる著者

似たような応対は、文部省（当時）の方に合気道の説明をしたときにも受けたことがあります。現在、法人格を持っている武道団体では合気道以外の団体は殆どが試合形式を取り入れているため、合気道も試合を取り入れるように文部省から何度か言われたことがありました。

当然のことながら「合気道に試合はない」という立場を一貫してきました。しかし現在では、生涯教育の一つとして文部科学省に考えられているのには時代の変化を感じます。

亜細亜大学では、昭和三十九年に正課体育に合気道が導入されました。開祖自らが出向かれ、そして演武を披露されています。その後、東海大学の武道学科、国際武道大学、日本体育大学、皇學館大學、日本大学などでも正課体育に合気道が取り入れられ、本部道場から指導者が派遣されています。

平成二十四年には中学校での武道必修化にともない、合気道も選択科目の一つとして採用されました。導入されている学校はまだ少ないものの、試合・競技がなくとも青少年の心身の育成に合気道がふさわしいと認められたのです。

合気道は、対立した者を腕力や技でおさえつけるのではなく、相手と和することによってすべてを包み込む。敵そのものをなくしてしまう。一切の対立を超越した近代武道として完成したのです。合気道の戦後の発展の鍵はここにこそある、と私は信じています。

合気道の平和的な考えと、開祖の故郷の熊野信仰と関係があるように思います。開祖は熊野本宮大社で授かったと言われています。曽祖父母には女の子しかいなかったので、息子がほしいと、本宮大社に何度もお参りしたおかげだと聞いています。

熊野信仰は自然崇拝からきていますが、やがて仏教を受け入れ、神仏習合となります。そういった争わずに受け入れるというおおらかさが、熊野が世界遺産に登録された一つの理由とも聞いています。熊野の自然の中で育ち、自然宗教の知識があったから、合気道の精神に影響を与えたのだと思います。日本人だけでなく、世界中の方々に通じる心であり、今日の世界の平和に貢献できる心だと思います。

日本の心

これは蛇足ですが、近年、日本においても欧米諸国なみに訴訟件数が増加していると聞きます。またニュースなどを見ていても、他者の過ちや欠点を許さず、過剰に批判する風潮も見受けられるようになりました。

国際化が進み新しいものが入ってくる。社会の価値観、倫理観が時代とともに大きく変化したことで、一昔前であれば、周囲や世間の目を気にして抑えていた感情や行動を、抑制することなく表に出す人が増えたような気がします。昔は、世間や人様に迷惑をかけるというのは最大の恥という価値観が日本には存在していたように思いますが、今はそういった感覚は大分薄れているように思います。

確かに現代社会では、厳格に線引きをして自分の権利を主張していくことが求められる部分もあるのかもしれません。そうした変化には良い面もあるかもしれませんが、悪い面としては自己中心的で怒り、憎しみ、妬み、悲しみといった刺激的な感情をコントロールできない人が増えたということもあります。お互いに尊重し合うという発想が希薄になってきているのではないか、と危惧しています。

平和な社会を築いていくためには、自分と価値観の違う人や嫌いな相手に対して、無理に理解したり仲良くなる必要はなくても、「お互い様」という気持ちで共存していく必要があります。

東日本大震災の際、一部で買い占めの問題や、混乱に乗じた窃盗・強奪などの事件もありましたが、大枠では秩序が乱れることはありませんでした。避難生活をおくる避難所は清潔に保たれ、物資が届いた際には誰もが公平に受け取れるよう列を作りました。自己中心的な行動を取る人はおらず、困難のもとにあっても他人への配慮を忘れない姿は世界中から賞賛されました。

平常時においても、誰に言われるまでもなく、朝の通勤時に整列して電車を待ち、

▲合気神社での著者の奉納演武

◀開祖が建立した茨城県笠間市の合気神社では毎年 4 月 29 日に開祖・二代道主慰霊祭が開催され、国内外から 1500 人近い参拝者が訪れる

降りる人を待つ。エスカレーターの片側を空ける。そういった姿からも、馴れ合いとは違う、「お互い様」という昔ながらの、日本の美徳がまだ社会には息づいていると感じます。合気道の根底にも、そうした日本人が長い歴史の中で培ってきたものがあり、だからこそ世界中の方々に共感を持って受け入れられているのだと思います。

最近では、合気道について、ある程度予備知識を持って入門する方が増えてきています。すなわち合気道の理念に共鳴する方が増えているということだと思います。勝った負けた、強い弱いを競うことよりも、お互いを大事にして尊重し合うことの大切さが再認識されていることの表れではないでしょうか。

日本の長い歴史の中でそういうものが培われてい

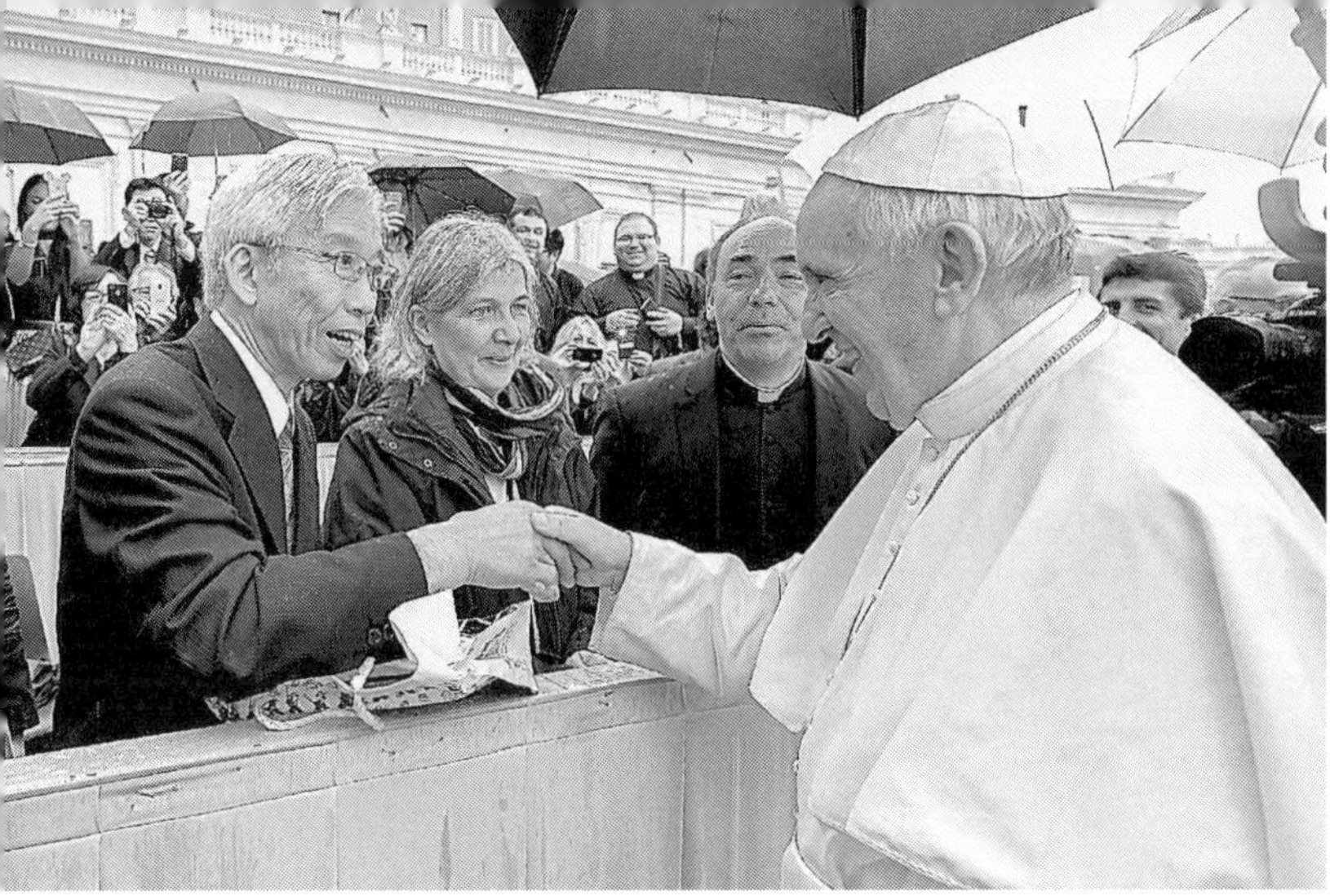

平成28年　ローマ法王・フランシスコ1世に謁見

るのだと思います。土を耕して、稲を育て、刈り込んで、恵みを喜んで、毎年毎年のサイクルで、お互いに協働しながら、営みを大事にしていくという文化。連綿と受け継がれてきた、人を敬うとか、思いやるという心が伝わっているのだと思うのです。それは合気道の相手の立場を考えるという考え方と通じています。

困難が起きた時にどうやって一緒に調和して解決していくかということを考える。それが今のわれわれの社会につながっていると思うのです。そういう長い流れの中で、合気道は生まれるべくして生まれたと感じています。

それに対して現代の日本人が共鳴し、海外にも共鳴する方々がいるということだと思います。

形を繰り返した先に個性が輝く

「合気道特有の稽古法」について、もう少し詳しくお話しいたしましょう。

合気道の稽古は、一般に形稽古と分類されます。「形稽古である」と言われることが多いのは、古流武術・武道の多くがこの様式を採用しており、説明しやすいのでそう言われてきたのだと思います。この他にお互いの実戦的な動きの中で技をかけあう「乱取り」と言われるものや「試合」の形式をとった稽古がありますが、合気道ではそれらは行なっていません。

合気道では指導者のお手本を見たうえで、その技を反復して稽古をしていきます。一般的には「形稽古」と呼ばれる形式ですが、開祖も吉祥丸二代道主も「形稽古」という言葉を使ったことはありませんでした。

吉祥丸二代道主によりますと、開祖自身は、

本部道場１階の開祖のレリーフの前で
吉祥丸二代道主とともに（平成５年）

「気形じゃ」

と言われていたといいます。

合気道の稽古では、指導者が稽古する人々の前で技を示しても、稽古をする人が皆、それと寸分違わず動くわけではありません。個々それぞれ体格も持てる能力も異なるし、技の中で微妙に条件も異なってくるわけですから、同じ動きをしていたら、これはおかしなことになります。

また本部道場には

三十名あまりの指導者がおりますが、毎日同じ指導者が同じクラスで稽古を指導しているわけではありません。同じ技の手本であっても、指導者によってちょっとした崩しの半歩の出方など、若干の違いが出ます。それは、その指導者が稽古を積み重ねきた上で身につけ自然と表れたものです。

合気道は指導者によって、技の動きがずいぶん違うようですね、という声を聞きます。基本の稽古を積み重ねるにしても、何をもって基本というのか、悩んでおられる方もいるでしょう。これは当然の問いかけだと思います。人間は皆、それぞれの体格や性格、もののとらえ方などが違うので、指導者によって動きが異なるのも、あたり前のことなのです。

だからと言って、全く違う技を行なっているわけではありませんし、根幹となる部分は同じことを行なっています。

教わる人も「あの先生と、この先生で技が違うのはおかしい」ということではなく、これも一つの特徴だと素直に受け止めて、お手本を見て欲しいと思います。教える側も、全員が全く同じように技が出来るようにと指導しているわけではありませんし、それは全ての習い事において同じではないでしょうか。

逆に、「こうあらねばならぬ」と決めるほうに無理があるのであって、本来、合気道は型にはめるものではありません。だからといって、基本から逸脱してかけ離れた合気道を稽古してもいけません。

基本の体捌きと、呼吸法で養った呼吸力を生かして、一教や入り身投げ、四方投げなどの技をかけていく。そういう基本的な稽古をしっかり積んでいただきたいと思います。すべては、基本の中にあります。

何か目先の変わったものや、奇を衒《てら》ったものは、見栄えはするとしても、決して長続きはしません。日々の稽古を大切にし、開祖――吉祥丸二代道主と伝わってきたものを大事に行なっていくことが、私の役目です。

指導者が前で示した模範をしっかりと見て、それを淡々と積み重ねていくことで、やがて今度はそうやって稽古を続けてきた人の、その人なりの個性が輝き出すものです。

指導者の手本を見て、それを反復する。ともするとそっくりそのままコピーさせることのように思われがちです。「型にはめる」という言葉もあり、個性の尊重から外れることだと勘違いされる方もいるでしょう。

人間はそれぞれ誰一人として同じ人間ではありません。同じ手本を見て同じように稽古をしていても、少しずつ違うものになっていきます。その人が生まれながらにして持っているものから醸し出される体の捌きになっていきます。どれだけ忠実に手本通りにやろうと思っても、自然とその人の持ち味がにじみ出てくるのです。ですから指導者が自分のコピーを作ろうとしたところで作れないのです。

同じ親の元に生まれ育ち、同じ家に住み、同じものを食べて、同じ学校に通っても、それぞれ違う個性の子供に育つのと同じではないでしょうか。

個性というのは「自分らしさ」を出そうとしたり「人と違ったものを」と意識したものではなく、自然とその人らしさがにじみ出てきたもの。合気道の基本・大枠にのっとって稽古をしっかりと積み重ねていれば、その人らしい技になるのです。また基礎・基本という土台の上に積み重ねて生まれたものだからこそ、ゆるぎない強さがあり、

著者の手本を真剣な眼差しで見つめる講習会参加者たち
みな同じ基本を学びながらも、稽古を重ねていくうちに
個々の特徴が自然とにじみ出てくる

自信にもなるのです。それを本当の意味での「個性」と言うのでしょう。

基本なくしては何も生まれず、稽古を積み重ねてきたなかから、その人の個性は表れ出てくるものなのです。ある日突然、卓抜した技量が身につくわけではないのです。積み重ねて、積み重ねて、ふり返ってみたら、その人の醸し出す個性となってくるものだと、私は思います。

そのためにも指導者は基本・根幹となるものをしっかりと指導すること。その範疇で稽古をしているうちに生まれてくる、その人らしさを認める気持ちがあればいいのです。無理に「個性を伸ばそう」「その人らしい技を」

とことさらに意識するようなことはせず、淡々と基本に則った稽古を積み重ねていけばいいのです。

合気道の修業は合気道だけでいい

戦後の一つの傾向として、杖や剣をもちいての鍛錬法と、合気道と一つにして説く師範がいるのですが、これは時に誤解をまねくことがあります。

開祖・植芝盛平翁は、合気道を説明する手段として木刀や杖を、ときには槍などをもちいられました。多くの古武術を、開祖自身が学んでもいます。開祖ご自身の研究のために、合気道を創りあげるにあたってその時々に稽古・勉強されていたものを、その頃に弟子入りして見ていたということも影響しているかと思います。

しかし開祖は、

「ここへ来た弟子はみんなワシの弟子じゃ。合気道をやりに来たのじゃ」「合気道の修業は合気道だけでよい。他の武道の助けはかりぬ」と、常々おっしゃっていました。

また、合気道と禅を合わせて説く方もいますが、開祖も吉祥丸二代道主も参禅をしたことはありません。合気道に座禅がいい、といったこともありません。

開祖は大本教の出口王仁三郎に師事し、神道、古事記、言霊の研究もされていました。しかし開祖は合気道以外のものを弟子に強要したことは一度もありませんでした。稽古にきた方に剣をやりなさい、杖をやりなさい、帰依《きえ》しなさい、言霊の研究をしなさいと言ったことは一度もありませんでした。

自分が合気道の稽古と併用して、何を修業されてもけっこうですが、弟子に「ぜひ、これをやりなさい」と、他の武術・武道を稽古するように勧められるのは感心しません。合気道の看板を掲げて、合気道の指導者として、合気道の指導に当たっているのだということを忘れてはいけません。

いろいろな武道のよいところを取り入れようと参考にされるのもいいですが、それはその武道の稽古を長年積んだ上に初めて身につくものです。一つのものを習得するためには、やはりそのことを積み重ねなければならないのです。

開祖が創造し、戦後に吉祥丸二代道主によって体系化された合気道は、合気道のみで完成しています。他の武道や哲学と併用しなければ強くなれない、理合がわからない、などということはありません。


合気道を広く一般に門戸を開くにあたり、戦前・戦中、あるいは戦後すぐの頃のように、他の武道を学んでから、合気道に入門してきた方々とは異なり、合気道だけを学ぶべく入門された方々にも、充分理解しやすいようにと心を配り、技の安全性を考え、準備体操、基本動作と順次に指導していくように工夫し、老若男女誰にでも稽古してもらえるように組み立てたのが吉祥丸二代道主です。

開祖が様々な修養、研究の末に合気道の創造に辿りつき、吉祥丸道主が時代に合う形に稽古法・技を整理、体系化しているのです。その合気道を、いま私たちは稽古しているのだということを忘れてはなりません。

戦前・戦中に開祖に学ばれた高弟の方の中には、武術家・武道家として卓越した腕

開祖が創始した合気道を吉祥丸二代道主が誰でも稽古できるように整理・体系化して現在の合気道がある

前の方が幾人もいらっしゃいますが、こうした先人たちは戦後に吉祥丸二代道主が懸命に工夫して、技・稽古法を整理・体系化した合気道はあまりご存じありません。

戦前・戦中では、今日のような合気道の技の名称は定かではありませんでした。入身という言葉はありましたが、表技・裏技という表現はありませんでした。

第一、開祖は技を閃《ひらめ》きの中でやってみせて、あとは自分たちで自得しろというやり方です。説明そのものがなかったのです。開祖が教えられた年代によっても、技法に違いがあった、と言っても過言ではないかと思います。

昇級・昇段審査要項にしても、それまでは開祖が日頃の稽古を見て随時免状を与えていたのを、審査で行う技・受審に必要な稽古日数を定めることで、地方でも師範（六段以上）の資格を持っている者が独自に昇段審査が行えるようにしました。開祖――吉祥丸二代道主――私と受け継がれてきた合気道を私や本部道場の師範たちが、常々強調するのはそうした経緯があるからです。

審査も演武も普段通りに

合気道の稽古の積み重ねの成果を見るものとして昇級・昇段審査があります。それぞれの段・級に対して規定の稽古日数があり、それを重ねて審査資格を得た人が、それぞれの段・級によって決められた技を審査員（師範）の前で見せます。技だけでなく、規定の技に対する受け身についても、しっかりと相手に対応した受身で身を守れているかを見ます。

審査とは落第させることが目的のものではなく、稽古の成果を見るものです。稽古をする人にとっても、段・級をとるためのものではなく、自分がどれだけ技に習熟したかを確認するためのものです。

戦前は審査はありませんでしたが、戦後広く普及するにあたって、会員たちの稽古の目標の一つとして設けられた制度です。

入試はまた別でしょうが、通常の学校の試験・テストも本来の目的は成績をつけるためものではなく、授業で教わったことができるようになったかどうかを確認するためのもののはずです。

日ごろ稽古してきたことをそのまま出すことができれば、まず落ちるということはありません。審査だからと硬くなることはありませんし、いつも以上のものを見せようと思っても、稽古してきた以上のことが出来るわけでもありません。普段通りにやることを心がけてください。

技を大勢の前で披露する演武についても同じことが言えます。

もともと合気道の技は門外不出、人前で披露するということはありませんでしたが、昭和三十年代に入り広く普及・振興するために演武会が始まりました。当初は、技を披露するのは開祖をはじめ指導者のみに限定されていましたが、稽古の成果の確認、また稽古の目標・励みの一つとして一般会員も演武をするようになりました。

会場も広くなり多くの人が見ている前でとなると審査とはまた違った状況ではありますが、いいところを見せようと意気込むことなく、普段の稽古通りに行なうことです。

ただ、この「普段通り」「平常心」というのが実は難しいことで、人間である以上、緊張しても仕方のないことです。やはり稽古の積み重ねしかなく、技だけでなく心も練らなければなりません。専門家である師範・指導員は別として、一般の会員の方は、審査・演武は「自分が積み重ねきたものを確認する機会」だととらえて臨んで欲しいものです。

審査や演武のために稽古があるわけではありません。稽古そのものが目的なのです。

全日本合気道演武大会を締めくくる総合演武に臨む著者

たとえ審査や演武で思うように出来なかったとしても、それでその人の合気道が終わってしまうわけではありません。稽古の課題が見つかったと前向きにとらえ、また稽古を続けていけばいいのです。

合気道で強くなれるのか？

平常心ということについて書きました。時々尋ねられることがあります。護身術として身に着けようと入門を考える方もいると思います。

いざ何者かに突然襲い掛かられたとして、

普段の稽古どおりに合気道の技で相手を制することができるものなのかどうか。これは合気道を稽古したから、ということではなく、その人がどれだけ合気道の稽古を積み重ねたかによるかとも思います。

生きている中で起こりうる全ての状況を想定しきれるものではありません。場所、空間……自分が寝ている時かもしれませんし、病気や怪我《けが》をしていたり、小さな子供を連れているかもしれませんし、相手がどんな凶器を持っているかもわかりません。そこまでいくと、武道による護身という以前に、用心や危険に対する心がまえの問題ではないでしょうか。

極論を言えば、そういう危険な場所に近づかないこと、危険を近づけないことです。合気道の技で相手を制するといっても、それは相手と自分の力量にもよります。むしろ、その状況に応じて、安全を確保するために適切な判断をすることの方が現実的です。身を守ることを優先すれば相手をよく見て、距離をとる、その場を離れる、助けを呼ぶ。

相手を倒そう、制しようとするから争わなければならないのであって、身を守ること、相手と無駄に争わないことを考えれば、適切な判断ができるはずです。

そういう意味では、合気道の稽古を通じて、先入観を持たず相手・物事をよく見るという姿勢が身についてくれれば、自ずと慎重さ・注意深さにつながり、それが危険や争いを遠ざけてくれるのではないかと思います。


「合気道をやれば強くなれますか？」と問われることも多々あります。

強さとは何か。おそらく力を競いあって勝てるかどうかという、闘争における強さのことを問いたいのだと思います。殴り合って勝つ、取っ組み合って勝つ、それも強さの一つだと思います。武道の門をたたく人がそういう強さを求める気持ちはわからないでもありません。人間が持つ本能のようなものかもしれません。

合気道が他の格闘技・武道と戦ってどちらが強いのかと問われても、それは個人の強さの問題であり何を稽古したかはあまり関係がないように思います。さらには相手が刃物を持ってきたら、銃を持ってきたらどうなるでしょうか。そこまできたら、その人の言う強さとはまた別の問題にもなってきます。

合気道の稽古で目指す強さは、もっと幅広い、人間的な強さです。仕事や人間関係では様々な困難が起こります。諍《いさか》いが起きないようにバランス良く対応できる強さ。好き嫌い、発想や意見、年齢・性格・経歴の違いを超えて相手と調和して物事を推し進めていく強さ。そして一つのことを根気強く積み重ねていく強さ……人生を生きていく上で求められるのはそういった強さです。稽古を通じて体だけでなく心も練らなければなりません。

道場の中だけでなく、道場の外、一般の社会で通用する人間にならなければ現代において武道をやる意味はありません。

礼に始まり礼に終わる

お子様に礼儀・作法を身につけさせたくて合気道を始めさせたという親御さんもいらっしゃいますが、稽古の時に礼をするから礼儀作法が身につくのではなく、稽古を

稽古の前にまず道場の正面に礼。先人に、そして道場という場に感謝の気持ちをこめて礼をしてから稽古にのぞむ

通じて感謝の気持ちを学ぶから礼儀・作法が身につくのだと理解していただきたいと思います。

合気道では道場に入る時、道場を出る時、また稽古の始まりと最後に、道場の正面に礼をします。

道場の正面にあたる場には開祖の肖像や書が掲げられています。その道場の創始者・責任者のものも掲げられています。正面に礼をするのは、自分たちが稽古する合気道を創り遺してくださった方、稽古の場所を設けてくれた方、稽古する場所そのものへの敬意や感謝の気持ちから礼をするのです。

また自分一人で稽古をすることはできません。稽古の始まりと終わりには指導者に礼をします。そして、稽古の相手ともお互いに礼をします。指導してくださる先生、そして一緒に稽古をしてくれる相手にも敬意と感謝の気持ちをこめて礼をするのです。それが欠けてしまったら合気道の稽古は成り立ちません。決まり事として礼をするのではなく、感謝する気持ち、敬意から礼をするのです。それが礼の神髄だと思います。

合気道は世界中で愛好されており様々な宗教の方がおり、中には偶像崇拝を禁じている宗派の方もいますが、これは信仰ではなく、マナーでありエチケットだと説明して理解していただいています。

礼の細かな作法については、手をどちらからつくとか、足をどちらから出すとか、帯刀した場合の作法やお茶の作法とかいろいろなやり方を言う人がいますが、合気道では特には定めてはいません。

立つ時、座る時、一度跪坐《きざ》（つま先を立てた正座）になるのですが、それも動きやすさのためにやることです。姿勢を正しくし、理にかなった体の動かし方であれば見苦しくないものになるでしょう。礼に込める心が大切なのです。

即結果を求めず

礼儀作法のほかに美容・健康、体力づくりなど様々な目的で入門される方がいますが、それらも稽古の積み重ねの上に結果として現れるものです。合気道をやればすぐに効果が表れるというものではありません。

入門したての頃に一回一時間の稽古で投げて投げられてを繰り返す。投げられて転がり、また起き上がって、投げられて。日常生活ではあまりない動きの繰り返しは、肉体的疲労もかなりのものがあります。

はじめは筋肉痛などでつらい思いをしながら、これに馴れるまでに二カ月くらいはかかります。そこを乗り越えられれば、体も馴れ、道場の人たちとも親しくなり、ある程度、稽古は続くようになります。実はそこまで続かない人も少なくはありません。

合気道の目指すところは「至誠の人」ですが、やっていることは合気道の技の稽古

全日本少年少女合気道錬成大会。閉会式で参加者代表に錬成証を授与

そのものです。私も合気道の指導者という立場である以上、道場で行うのは稽古と技をしっかりと指導することだけです。とりたてて「人としてこう生きねばならぬ」というような人生訓や処世訓を稽古に来られる方たちに説いているわけではありません。

「何かいいことがある」という気持ちが先立つよりも、淡々と稽古を積み重ね「ふりかえってみた時にいい方向になってきた」、という方が稽古を長く続けられるものです。

その時に、「合気道の稽古を続けてきてよかったな」と思っていただけたら、私にとって、これほどうれしいことはありません。

前にも書きましたが、「何をやるか」ではな

海外での講習会にて。世界中で愛好者たちが向上心を持って、日々の稽古を積み重ねている

く「どうやるか」。すぐに結果を求めるのではなく、自分のペースでいいので、辞めることなく、積み重ねていただきたいと思います。

闇雲に稽古の量、回数を増やしたところで、突然目に見えて成果があらわれるというものでもありませんし、無理は続くものではありません。やはりある程度年月をかけて、技も体も心も練り上げていく必要があります。

停滞する時期、上手くいかない時もあるでしょう。「もう辞めようか」と思うようなこともあるかもしれません。その時々で苦しいことや辛いことがあっても、それでも前向きな心を持って、少しでも良くあろうとそれを求めて稽古を積み重ねていく。それが道というものです。

来た道を振り返ってみた時には、必ずいい方向になってきているはずです。それが大きな自信、心のゆとりにもつながるでしょう。それが相手を思いやる気持ち、尊重する気持ちへとつながっていくのだと思います。

技には完成がないと前にも言いましたが、そういう意味では、「結果」というものも、あるようで、ないのかもしれません。稽古を続けて一歩一歩あゆみ続けていくことそのものが「道」というものなのではないでしょうか。

先人を敬うということ

若くても稽古年数が長い方もいれば、年を経てから入門して稽古年数が短い方もいます。

合気会に奉職したばかりの若い指導者には、自分よりも社会経験・人生経験が豊富な方達への敬意をもって指導に当たりなさいと言っています。

習う側の人たちも合気道においては、年が下でも指導者なのですから教わる側の立場として稽古に臨まなければ稽古というものは成立しません。

それは一般社会においても同じではないでしょうか。同じことに取り組むにあたって様々な立場の人が関わるのであれば、それぞれの経験や能力、良いところを互いに認め、尊重し合った方が良い形になっていくものです。

私自身も指導の道に入ったばかりの頃、自分よりも年上の、社会経験・人生経験の豊富な方々の指導を受け持たせていただいたことがあり、合気道の稽古を通じて様々なことを学ばせていただきました。相手を尊重し学ぶという謙虚な気持ちを持つことで人は向上できるものなのです。

例えば同じ初段でも運動神経がよくて身体能力も高い人は吸収も早く、短い期間で技術を習得してしまうでしょう。それはそれで素晴らしい才能だと思います。一方で何年もかけて稽古を重ねて初段を取得した方もいます。技術としては同じレベルかもしれませんが、重ねてきた回数・年数の違いが表れてくるものです。

先輩の立場にある人は、どういうかたちでそれを表現するのか。一緒に稽古して相手の受け身を取りながら、自然に導いていくことができるのが、合気道の稽古の良さだといえます。

積み重ねてきたものは必ず稽古に表れます。人間、年を重ねるとともに体力は次第に落ちますが、稽古を積み重ねてきた実績は必ず評価されるものでしょうし、体から醸し出されるものです。それを日々の稽古で、示していくことができるようでありたいものです。

稽古をしているなかでは、相手と張り合う気持ちが生まれたり、技を効かそうと、やたら力に頼ってしまう場面が見受けられることもあります。しかし、素直に稽古を重ねるうちに、それだけではない部分もわかってくることと思います。

年齢を重ねてくるとしっかりと座って固め技を最後までやりきることや、半身半立ちの技がつらくなってくることもあります。身体・肉体を使う以上、どうしてもあらがえないのが加齢による衰えです。それでも、いまある状態で最高のものを求めて、常に向上心を持って稽古を続けていくのです。

世界中から多くの会員が参加する国際合気道大会の講習会
様々な人々との幅広い稽古が技の向上には欠かせない

私も本格的な稽古を初めてから四十六年。足腰が痛む時もありますし、若い頃のような瞬発力もなくなりました。それでもこれまで様々な方たちと長年にわたり稽古してきた蓄積がありますので、若い頃よりも今の方が向上しています。

相手の力量・体格・性格などを見る力、相手の動きと調和する力、相手との距離・間合いの取り方、タイミングよく体を動かす間の取り方……それらがバランス良く総合的に向上して、技のレベルが上がっていると感じています。

若い頃のようにできなくなる部分がありながらも、年を重ねることでできることも増えていき、全体の力は上がっている。やはり積み重ねることの成果です。結果はすぐに表れるものではありませんが、「継続するのだ」という気持ちを持ち続けていれば、振り返ってみた時に必ずいい形になっているはずです。

道統

祖父——植芝盛平

小学二、三年生の頃だったと思います。

当時は自宅の居間に火鉢があり、小学校から帰ってきて、おなかのすいていた私は、そこでモチを焼いて、あべかわ、礒辺焼きをつくって食べていました。

そこへひょっこり祖父が入ってきたので、「はい」とおもちを差し出すと、祖父は、

「この子はいい子だ」

そういってモチを受けとってくれたことがありました。

私にとって血のつながった祖父とはいえ合気道の創始者です。周囲の大人が開祖にうやうやしく接しているのを事毎にみています。周囲の大人にとっては祖父が特別な存在だ、との認識はありました。また弟子がいる時には「あっちに行ってなさい」という暗黙のルールのようなものがありました。

道場では合気道開祖でありながら、家庭では祖父として孫である著者に接した植芝盛平翁。写真・右は著者幼少時に。写真左は昭和 36 年の開祖のハワイ出発の折に。前列中央が著者

孫としてなつく部分もありましたが、近寄りがたい面もありました。自分から手を差し伸べて一緒に遊ぼうという人でもありませんでしたし、私もどこかで遠慮していました。

それは道場での立場と、家庭での立場の違いからくるものだったのかもしれません。今は指導者と習う側の距離感が近くなってきていますが、かつては師と弟子の間にはハッキリと立場の違い、境界線がありました。ましてや合気道の創始者となればなおさらです。

植芝家は道場につながっていましたので、門弟以外にも多くの方々が道場に出入

りしているところで「おじいちゃま」と甘えるようなことはできませんでしたが、家族で食卓を囲んでいるような時や、一緒にテレビを見ているような時は「おじいちゃま」として接していました。

祖父にじゃれつき、「おじいちゃまの頭はスベスベだね」と頭をポンポン叩いたところ、「この子だけじゃ、爺の頭を叩きよるのは」とうれしそうに笑っていたそうです。チャンバラ映画が好きでよく一緒に見ていました。私の友人が遊びに来て相撲をとっていたら「ワシもやる」といって一緒にとってくれたこともありました。

昭和三十年代半ば、私が小学校に上がる頃には、祖父は一年の三分の二は東京、三分の一は岩間という状態になりました。夏休みなど長い休みの時には、私が岩間へ遊びに行くということもありました。

祖父は当時、七〇代になっていましたが、餅つきで使う重たい石臼を自分で動かしていました。明治の人ならではと言いますか、農作業だけでなく水くみ、薪割りなど、日常生活も鍛錬に結びついていた時代を生きてきたのだと感じています。

昭和30年代半ば頃の本部道場の稽古風景

本部道場の定期的な稽古は父がつけており、祖父は東京にいらっしゃる時は、時折道場に姿を見せ、合気道の妙技を披露したり、三十分ほど合気道の精神の話をされ、「あとは吉祥丸任せた」と引っ込むという感じでした。

子供の頃、朝稽古に出た時に祖父が技を披露したことがありましたが、「すごいな」ということ以外はよくわかりませんでした。今振り返れば、相手を「包み込む・引き込む」ようなカがあったように思います。その時の顔つき、眼光の鋭さは祖父のものではなく、やはり合気道開祖のものでした。

特にそう感じたのは昭和三十九年の日比谷公会堂での演武大会での演武を見た時です。合気道の創始者の技を一目見ようと会場に集まった二〇〇〇人が祖父の一挙手一投足に引き込まれ、一つの空気の中に包み込まれます。

「ああ、おじいちゃまは凄いな、天才だ」

とその時思ったものです。


私が高校三年生の時、祖父が亡くなる数日前、自宅へ荒川博さん（元巨人打撃コーチ・合気道六段）が、愛弟子の王貞治さんを連れてお見舞いにいらしたことがありました。

あの王さんが見舞いにくるのだから、うちのお爺さんはたいしたものだなと思ってみていました。すると祖父が王さんを見て「うーむ、あなたは名人の相だ」と言うのです。自分の体調が悪いにも関わらず、人をその気にさせる、喜ばせようとする精神と言いますか、そういうことを瞬時にできるのはさすがだなとも思いました。

祖父もいささか意識に古いところもあり、戦後、テレビでいくつものスポーツが放送されるようになり、女性の進出が著しくなると、バレーボールの試合の中継などを見ても、

「何も女子がそのようなことをせんでも……」

と、テレビを観てニガニガしそうな顔をすることもありました。

小学生の私がその横で、

「でも、おじいちゃま、合気道は女の人もしているじゃないか」

と言いますと、

「いや、合気道は別じゃ」

と言葉をつまらせたことがありました。

若い女性が足を見せるのは、品位にかける、という思いがあったようです。

現在、合気会では初段から袴をつけて稽古をしますが、女性は三級から袴をつけてもいいということになっています。

これは合気会が制度・規定として定めているわけではなく、自然とそうなったというだけです。

稽古に臨む時には袴をつけて居住まいをただす。戦前は皆、袴をつけて稽古をしていました。袴も現在では黒か紺ですが、居合の白袴であったりしたものです。

戦争に入り物資が足りなくなり、戦後の時代になっても稽古にくる人すべてが袴を用意できませんでした。そこで昭和二十年代から三十年代にかけては袴がなくても稽古をしてよいということになったのです。

しかし、大学に普及され始めた頃、入部したばかりの一年生に袴まで購入させるのは経済的に負担でしたので、初段を取得するくらいまでは袴はなしで稽古をするという慣習が生まれました。さらに広く一般に門戸を開くにあたって、一つの区切りとして初段から袴をつけるというかたちが生まれました。

父――植芝吉祥丸

父は昭和二十三年（一九四八）、母・婧子と結婚し、母をともなって祖父母がいた岩間に疎開していました。畑仕事を手伝い、自給自足の生活を送るかたわら、道場に町の若者を集めては稽古をつけている毎日でした。その年に私の兄が生まれます。

我が子の将来を思い、

「ぐずぐずしてはおれぬ。東京に戻って腰を据え直し、改めて世に立とう」

と産後の肥立ちが思わしくない母と兄をおいて、一足先に上京した父は、雨漏りというよりは荒れはてて、雨をしのげないような若松町の道場（現・合気道本部道場）に居を定め、合気道の再建を図りました。昭和二十四年のことです。

定期的な稽古を再開し、開祖は月に何度か上京する程度。稽古に来るのはまだ七、八人という状況で、合気道の指導だけで生活をしていくことはできません。しかたな

幼少時に父・吉祥丸二代道主とともに
昭和 20 年代後半頃

く父は知人のツテで大阪商事（現みずほ証券）に入社したわけですが、コブ付き入社は、おそらく父一人だけだったと思います。

そして昭和二十六年、私が生まれます。

本部道場（旧道場）は植芝家の母屋とつながっており、私にとっては遊び場の延長のようなものでした。三つか四つのとき、道場で遊んでいた記憶があり、私が道場内で三輪車に乗っている写真も残っています。

開祖からも父からも、「合気道を稽古しなさい」と言われたことはありませんでしたが、小学校の一年生になったとき、当時は子供用の合気道着がありませんでしたから、父の幼少時の剣道着をつけて道場に出たことがありました。その姿を見て、父がうれしそうな顔をしていたのを覚えています。

昭和 43 年の新館落成まで、本部道場と植芝家の母屋はつながっており、
家族の写真も本部道場前のものが多い
右は母、兄も一緒に写った 1 枚。昭和 30 年代前半頃

小学校にあがる前、五歳のときです。いつも誰かしら家にいるわが家に、珍しくその日、大人が一人もいない、ということがありました。

「子供だけにしておくのはよくない」

私はなんと、父につれられて父の会社に出勤したのでした。

社員の皆さんへ、名刺代わりに干しぶどうを一人一人に差し上げて、大いに人気を博しました。

昼は社員食堂で、社員の方々と一緒に食事をとらせてもらい、昼からは少し寝ていたような気もします。のんびりとした、いい時代でした。

幼い私にはうかがいしれませんでしたが、当時の父は誰よりも、合気道に一生懸命であったようです。

父は稽古を決して、人任せにはしませんでした。

本部道場が焼けなかったのは天祐と思い、自ら朝稽古を続けました。父は自分が道場長をつとめるかぎり、本部道場の朝稽古に立ち続けました。地味なことではありますが、自らがやり続け、やりとげたことを、私は後継者として心から頭のさがる思いです。

内弟子に手弁当で大学へ指導にいかせたり、公開演武を開祖に直訴して、どうにか実現に漕ぎつけたり、出版という手段、カルチャーセンターという場所での稽古方法などを考案したり、父は懸命に合気道を発展させるべく努力しましたが、軸がブレるということは、ついぞありませんでした。

時代によって、社会は変わります。その流れに合わせて、広く一般に開かれた合気道を志向しながら、一方で決してゆずれないもの＝合気道の精神は微動だにしませんでした。

戦後の価値観が急激に変動する中で、「合気道」という日本伝統の文化を、時代の推移にあわせて、体系化し、説明し、稽古人口を増やしていかなければなりません。

父の心中は、変えてはならない精神＝道、変えていかなければならない稽古法など、考えなければならないことが山積していたかと思います。

私利私欲なく、純粋に開祖の合気道を守り、伝えていく、そういう使命は、植芝の道統でなければかなわぬことだと、私は思っています。

父は、開祖の示した合気の心と技を継承するとともに、時代の移り変わりを敏感に感じとり、かつ、時代の要請にも応えるため、いろいろな新しい試みをされました。一口に言ってそれらは合気道の近代化と一般への普及のための努力と言えますが、戦後の人々が生活にも困窮していた時代に、この道を守り発展させた業績は、幾万言をつくしても語り尽せません。

父は、必ずしも一般の方々には理解しやすいとは言えない開祖の残された道をわかりやすく編み直し、広く普及させるということに生涯を捧げました。そのために多くの本を書き残しています。道場での稽古のあと筆をとり、長い時間を執筆にあてる姿を子供の頃から近くで見てきた私は、幼な心にもこれは大変な仕事だなと思ったものです。

このような努力の中で父は、日常稽古そのものに重点をおいた健全なる心身鍛練の

技法書を開き、思案にふける吉祥丸二代道主
合気道の普及・発展に生涯を捧げ、その功績は国内外で高く評価されている

道としての新しい合気道のあり方を確立しました。

また合気道の将来を思い、学生に対する指導にも大いに力を注がれました。その努力が実を結び、今では合気道は世界一四〇の国と地域に広まり、世界の合気道人口は一六〇万とも言われるようになりました。

各国に同じ道を歩む人々がいるということは世界平和へとつながります。このことが外国でも高い評価を受け、スペイン・バレンシア総合大学から名誉博士号を贈られ、ローマ法王に謁見し平和を願う気持を一層強くしました。また、国内では昭和六十一年（一九八六年、六十五歳の時）に藍綬褒章、平成七年（一九九五年、

写真右・スペインのバレンシア総合大学（当時・工科大学）から名誉博士号を授与された吉祥丸二代道主（平成4年・1992）

写真左・ローマ法王・ヨハネパウロ2世に謁見する吉祥丸二代道主（平成6年・1994）

七十四歳の時）に勲三等瑞宝章叙勲の栄誉となりました。

私は、父が確立したこの流れを大切にし、社会のために役立つ合気道を守り伝えてゆくために、一層の修業を続けようと心に誓っております。そして、さらには私なりの合気の道を切り開いていけるよう、人間として大きくなるべく日々努力していきたいと思います。

私が本格的に合気道の稽古をするようになったのは、大学生になってからでしたが、前述のように私にとっては、不謹慎ではありますが道場は遊び場の一部でした。見よう見まねで稽古をしたかと思えば、昼下がりは道場で近所の友達と遊んで

吉祥丸二代道主は合気道普及による公益への寄与により藍綬褒章を受章
昭和 61 年 (1986)
盛大な祝賀パーティーだけでなく、本部道場の師範、指導員、職員による内々のお祝いの会
前列右から 2 人目・筆者、2 人おいて吉祥丸二代道主と母・婧子（さくこ）

いて、叱られたこともあります。感覚的には、内弟子の人々も、稽古にこられる方々も、身内のように思っていました。今から思えば、本当にのんびりとした時代です。

戦後の内弟子たちは、道場で寝起きをしていましたが、皆、手もち無沙汰で、道場や庭、門前の掃除をして、稽古をして、あとは時間を持て余していたのかもしれません。私は閑散とした道場で、紙飛行機を作っては飛ばしていました。

小学生の頃には、よく「勉強しているか？」と稽古の方に言われ、中学、高校になると今度は、「おい、合気道の稽古をしろよ」と言われました。私は顔ではニコニ

平成7年・1995年に勲三等瑞宝章を受章

コ笑いながら、内心では「大きなお世話だ」と思っていました。

なにしろ父にすら、「勉強しろよ」とは言われましたが、「稽古をしろよ」とは言われたことがありませんでしたから、親にも言われないことをなぜ、稽古の方に言われなければならないのか、と反発していたのを覚えています。

まだ、合気道が社会に認知を得るまでの、助走期間のような時代です。

当時、日曜日は稽古がありませんでした。

昭和二十年代の本部道場の稽古は、朝（午前六時半から）と夜（午後六時半から）の

昭和 30 年頃の本部道場。幼少時の筆者にとっては、自宅であり、
稽古に来る人は身内のような感覚であり、人がいない時間は遊び場でもあった

二度――いずれも約一時間です。三十年頃に入って、午前八時、午後三時、午後五時からの稽古が追加されるようになりました。昭和三十年代半ばに、日曜稽古が開始されます。

ちなみに、この稽古時間を一時間に区切ったのも父でした。今ではあたり前のようになっていますが、戦前の合気道の稽古は、開祖が示した手本を弟子たちが反復練習するのですが、とくに時間の区切りはなく、その時々の稽古の流れで、長くなったり短くなったり、技も座り技のみを延々とやる、といったこともあったようです。

もちろん、技を変えて下さい、などと門人が言えるものではありませんでした。

戦後の一大転換期

昭和三十一年、父は会社勤めを辞め合気道の指導一本に絞ることになりました。当時、大阪商事にいた徳永繁雄さん（後のプロ野球セントラル・リーグ興業本部長・財団法人合気会常務理事）が、父と一緒に祖父の演武をご覧になり、

「これはすごい。植芝さん、こんなすごい仕事を持っているのにどうして会社にいるんだ。息子のあなたがやらなければ誰がやるんだ」

と言われて、父も会社を辞める決意をし、それから合気道一筋でやっていくことになったと聞いています。

徐々に社会が落ち着き、戦前の門下生も稽古に戻り、新しい入門者も入りはじめ、昭和三十一年頃から、終戦以来、同居していた被災者の方が、少しずつ出ていかれ、ようやく最後の家族が荻窪へ移居されてスペースが空き、道場を広げることができました。

昭和 43 年に本部道場は三階建ての
鉄筋の新館に建てかえられる

写真右は建てかえられる寸前、昭和
42 年頃の本部道場
写真左は現在の本部道場。増築を重
ねて現在は 5 階建てである

いま振り返って、合気道にとって一番大きな区切り、戦後の一大転換期だったと思うのは、本部道場が建て替えられ、祖父が亡くなった時期ではないか、とつくづく思います。

昭和四十二年十二月十五日に誕生した三階建ての新本部道場（現在は五階建て）は、翌年一月十二日に「新道場落成記念式典」を挙行、そしてこの年の十月五日には日比谷公会堂で「新館落成記念・全日本合気道演武大会」がおこなわれ、開祖の神秘夢幻の境地が披露されました。

鉄筋三階建ての近代的な道場の建設を実施することの壮大さ、父の苦労は今となっては察することができますが、当時の私はちょう

本部道場新館落成の年の鏡開きで演武を披露した開祖
これが生前最後の演武となった

ど高校一年生。思い出深い我が家を立ち退くことの寂しさ、そして落成までの間、仮住まいを強いられることに対する気の重さが先立ち、父の心中を思いやるに至らなかったというのが正直なところです。

この落成にともない、道場で寝泊りしていた内弟子たちも、各々、通いとなりました。年が改まって一月十五日には恒例の鏡開き式。元気な姿を見せていた開祖はその後、にわかに体調を崩し、四月二十六日午前五時、天寿を全うしました。享年は八十六。直ちに、父が道主を継承し、道統を継ぐことになります。

十月には日本武道館で、開祖追悼第七回全日本合気道演武大会が開催されました。

合気道道主は、開祖の意を汲んだ直系の人物が継承します。昭和四十四年、開祖が逝去された時、高段者の間では、父がすんなりと道主を継承できるのだろうか、という心配が流布されていたようです。中には世襲を良しとしない人、「自分は開祖の弟子であって、吉祥丸さんの弟子ではない」と一派を立ち上げる人もおりましたが、それはごく一部のことでした。

門人の誰もが「武道は一代で成らず、何代も続けて完成されるもの」と信じていたこと、そして同時に、決定的であったのは、父に対する信頼であったと思います。戦後、毎朝の稽古をはじめとする道場の運営、合気会の管理は事実上、父によって行われてきたと言えます。

むろん、開祖の厳たる教えは微動だにしませんでした。父は合気道に関しては、開祖をないがしろにしたことは一度もなく、世紀の大転換となった一般公開も、くり返しくり返し話をもちかけ、自説を聞いてもらい、あくまで開祖の承諾を得ることに一

昭和45年6月14日に行なわれた二代道主の道主継承式典
左2人目から吉祥丸二代道主、石井光次郎元衆議院議長（財団法人合気会理事）、園田直元外務大臣（財団法人合気会理事）

意専心しました。

父は鋭い目つきのためか、見た目が怖そうな印象をもたれがちですが、とっつきの悪い人かといえば、そうではなく、若い頃から、特に年上の方には可愛がられる意外な一面を持っていました。なにしろ、目上の人には逆らうということをしません。

会社でもそのようであり、生意気なことをいきなり口にするタイプではなく、筋を通して訴える姿勢が評価されていたようで、おかげさまで何かあると重役の人たちから、

「植芝君、植芝君」

と頼りにされていた、とこれはのちに部下であった米持英夫氏（元財団法人合気会専務理

事）が語られていました。誠実な人柄だったとのことです。

共に歩む姿勢

植芝家があって合気道があり、その道場である本部道場があって合気会はある。さらに、全日本合気道連盟や多くの組織が成り立っています。植芝盛平が創始したものを直系の吉祥丸が継承する。また吉祥丸のそばで稽古を続け、ともに本部道場・合気会の運営に携わってきた私がその後を継ぐ。ごく自然な流れとして道統、組織が不協和音をたてることなくつながっています。

日本の様々な伝統文化の中でも違和感のない形、「世襲」というのは日本が生み出した「智慧」の一つだと思います。

とはいえ、合気道の場合、技と稽古が伴います。ただ血のつながりがあるというだけでは万人が認める継承とはなりません。それは強いと弱いとか、技が上手く出来る出来ないというレベルの話ではなく、しっかりと稽古を積み重ねてきたうえに、合気道の理念に基づき、稽古している世界中の方々と共に歩んでいける人物であるかどうかということです。

組織も大きくなっていますし、人数も多いし、個々に自分の役割もわかっています。全体を見る力、「人の言葉・気持ちをくみ取る」力が大切になってきます。

父からは具体的に道主となった場合の心がけなど、何一つ伝授されていませんでした。ただ、「稽古では嫌いな人、苦手な人がないように、道場へ来て下さる方々を大切にするように」とは言われました。

相手を否定せず、約束は守り、人を裏切らない、というあたり前のことは胆に銘じていました。

そして「相手の立場を理解する」ということです。稽古に来る人も、専門でやる人と一般の人とでは違います。合気道を生業とする人と、そうではない人とでは求めているものが異なるわけですから。自分の稽古の目線だけで、相手を見てはいけないということは言われました。

定例の理事会の議長を務める著者
技法指導だけでなく理事長として組織を運営することも責務

また指導部には私より年齢が上の師範も多数います。私よりも前に稽古を始め、合気会に所属していた父と同年代の方々もいましたので、彼らの考え・意見も尊重しようと心がけてきました。

組織は人間によって成り立っています。細かいこと、全てのことまで自分一人でできるわけではありませんし、皆で力を合わせてやることです。つきつめれば「人を大切にする」ということでしょうか。それぞれがやるべきことをしっかりとやれるよう、自分が手本を示したうえで、全体を見渡して、その人たちが上手く働けるように導いていくことではないかと思います。

指導に関してはどんなに広がろうともきちんと基本を崩さず守り続ける。組織が広がれるば広がるほど、中心の在り方というものが大切になってきます。全体の潮流を読み取りながら、変えるべきところは変え、変えてはならないものはしっかりと守り続けていきます。

それぞれの時代において大変なことはありますし、その時代、時代の流れを直視して正しく対応していくだけのものを持つことができればと思います。

一日一度、本部道場の稽古には植芝の人間が立つ

もう一つ大切なこと、それは父が開祖から言われ、そして代々守り続けてきたのは、「一日一度、本部道場の稽古には植芝の人間が立つ」ということです。

毎朝の稽古を誰かに任せようと思えば任せることもできるのです。それでも、我が身を律して稽古に臨むという責任感・使命感を持ち続けてきました。合気道の道統を

継ぐと心に決めた以上は必ず自分の道場の稽古に立つ。それが有形無形の説得力になります。

ただ「稽古をやりなさい」では人はついてきません。やはり自らが朝一番の稽古に立つ。その積み重ねがあったからこそ、今日の合気道が成り立っているのだと思います。そして何よりも「日々の稽古を大切に」の開祖の精神を実践する事になるからです。

合気道が普及してくると、合気会としての組織の仕事も多岐に渡ります。それでも、稽古を辞めてしまうと、中心がなおざりになってしまいます。

合気道はまず稽古ありきです。指導でも口だけではなくて、自分が一緒に動かなければなりません。やって見せないといけないのです。それを父は知っていました。「もうお歳なのですから、道場に立たなくてもいいのではありませんか」という人もいたでしょう。

本部道場すなわち植芝道場の稽古には時の道主が稽古に立つということが、目に見えない説得力として合気道の組織をまとめているのだと自負しています。中心がしっかりとしていることで初めて周りもしっかりとしてきます。これはどんな組織においいても同じことが言えます。

直系が道統を継ぐということ

植芝家があって合気道があり、その道場である本部道場があって合気会はある。この道理をもう少し踏み込んで、合気会の会員の方々にご理解いただける工夫も必要かもしれません。中心がブレてしまえば、合気道は消滅してしまいます。

会社員の家に生まれて、家と職場が完全

東京にいる限りは必ず本部道場の稽古に立つ著者

父・吉祥丸二代道主の演武で受けを取る著者
（昭和49年・全三菱武道大会）

に分かれている家庭で育った人間と、一方、生まれた時から親の職場と家庭が密接で、家の仕事とそれに付随する様々な事を見聞きしながら育った人間とでは、良し悪しは別として違いがあると思います。私も、現在本部道場長を務める息子の充央《みつてる》も後者です。合気道の宗家としての使命を受け継いでいる。職人さんの家内製工業と同じ、と思うこともあります。

それを嫌なことだと考えず、普通のことだという形で積み重ねていけば、いい結果が生まれると思います。私も人間ですから、一度も嫌だと思ったことはない、などとウソをいうつもりはありませんが……。

「覚悟」「責任感」「使命感」と言うと非常に

全日本合気道演武大会で息子・充央（本部道場長）を受けに演武を披露する著者

重たいことのように感じられますが、私は植芝家に生まれ、子供の頃からすぐそばに合気道の道場があり、合気道が生活の一部という環境で育ってきました。

毎日の稽古に立つ父の姿を見続けてきており、高校生の頃には「いずれは自分が」という気持ちも少なからずありました。指導的立場になる前から父の稽古には出続けていましたし、今こうして毎朝の稽古に立っているということは、ごくごく自然な流れだと思います。

親子といえどもやはり人間です。それぞれの主張があってしかるべきなのに、息子の立場にある者はそれをしない。私たちが優秀というよりも、それが普通のこと、自然のことと思える環境に生まれ育ってきたからではないかと私は思うのです。

内弟子がどんどん海外に派遣され、今では発展途上国にまで広がっています。組織が大きくなっていくと、諸問題も出てきます。がんじがらめになって、固まってしまうのは困りますので、そこを上手くやっていく。その辺の見極めが、大事になってきます。私があと何年かやり、その姿を次の世代が感じとってやってくれれば、それでいい、と考えています。

これからは益々、求心力というものが大切になってきます。そのためにも道統がしっかりしていかなければなりません。そして組織の中心である本部道場、植芝道場がしっかりした稽古を続けていき、いい形で指針を発信することができればと思います。時代が移り、人の考え方も変化します。時勢ということもあるでしょう。

そうした中で外れていく、去っていく人がいても、残念ではありますが、仕方のないこと、とも思います。それが自然の流れであるならば。そういったマイナスの部分をどうするのかということを考えるよりも、自分たちがやるべきことを、とにかくしっ

全日本合気道演武大会。演武の前に長男・充央とともに

かりとやっていく。開祖の理念を大事に守っていきさえすれば、いい結果が生まれるものだと思います。

私の息子・充央も私と同じ環境に育ち、合気会に奉職し、職員を経て、現在、本部道場長を務めています。開祖の直系の人間がその道をしっかりと守り続ける流れができており、それが稽古をしている人々の安心感につながるのではないでしょうか。時代が変わり、時の道主は変われども、開祖の流れを汲む本物の合気道につながっているという安心感に。

何か目先の変わったものや、奇を衒《てら》ったものは、見栄えはするとしても、決して長続きはしません。開祖、吉祥丸二代道主と伝わってきた合気道を大事に行うことで、正しい形のまま後世へ伝えていくことです。それが私の使命であり、時の道主、すなわち道統を守る者の使命だと思っています。

そして、道統を守っていく事、守ってこれた事の裏には、宗家が連綿と紡いできた、一つの大きな流れがあります。それら表裏を合せて、直系が道統を継ぐという事なのです。

道場という文化

例えば、合気道の固め技は最後に座った状態で相手を制します。また座って膝をついた状態で技をかける、座り技・半身半立ち技がありますが、海外では床に座る習慣のない国もありますので、そういう方にはまず正座や礼といった所作から教えていく必要があります。

日本でも畳のない家が増え、正座する習慣も減っていますし、畳の上で転がるとい

公益財団法人合気会主催の指導者講習会で指導にあたる著者

うこともなくなってきました。とはいえ、固め技も座り技・半身半立ち技もやりませんでは、それは合気道ではなくなってしまいます。

道主継承にあたって、自分の色を出して新しいことをしようとは考えていませんでした。開祖が創始した合気道を広く一般に普及、浸透させていった父の取り組みをそのまま継承しながら、部分的なところを時代の変化にあわせて変えていこうと。

例えば、組織の広がりにともない、本部道場ならびに各登録道場間の連携強化のために全国都道府県の連盟を整備しました。これにより各県単位での講習会・指導者研修などの活動を活発にし、さらには中学校体育の選択科目に合気道が採用されたので、学校への外部指導者派遣要請にも円滑に対応できる体制を作りました。

その他で、強いて新しく行なったことといえば本部道場の耐震工事です。今の道場は昭和四十三年に建てられたものなので、改めて現在の耐震基準で調べてもらい、阪神淡路大震災クラスの地震がおきても倒壊しないように大規模工事を行ないました。

その他、ＡＥＤの設置など……組織・機構・設備などについては、時代の要請にあわせて変えていく必要があります。しかし合気道の本質に関わる部分は変えてはいけません。

例えば本部道場の掃除について。現在玄関と廊下とトイレは宿直の指導員が行っていますが、道場の中は稽古にくる会員の皆さんに稽古が終わった時に掃除をしてもらっています。年に数回の大掃除も本部道場会員の幹事さんを中心に、稽古に来る方々が中心になってやっています。

専門の業者を入れてもいいのですが、稽古する方々が「おらが道場」という愛着、「自分たちが稽古で使用した道場は自分たちで綺麗にしよう」という意識、稽古する場所に感謝する気持ちがあって、道場というものが成り立っている部分もあると思うのです。

全日本合気道演武大会終了後、大会運営を裏方として
支えた本部道場会員・学生たちと懇親会で談笑

毎年一回、日本武道館で行われる全日本合気道演武大会では、本部道場に稽古に来られている方々が裏方として助けてくださっています。お正月に行なわれる鏡開き式など、さまざまな行事においても同様です。

かつては大学の合気道部の学生だけで十分でしたが、大会も大きくなり、それでは間に合わなくなってしまいました。本部道場に稽古に来られている方々には、本当に感謝しています。

父の時代にも、本部道場で稽古される方々が親睦の会を幾つも結成されていましたが、「自分たちの道場だ」との思い、伝統のようなものは、今も種々に受け継がれているように思います。

私を囲んでの親睦の会「央心会」も、早二十年になります。それ以外にも〃囲む会〃はいくつかあります。

そういった方々との暑気払いや忘年会があり、私はもともと稽古に来られる方々と、お話するのが好きなものですから、誘われれば時間の許すかぎりは、参加させていただいています。

本部道場は合気会の要ですが、一方では開祖が自ら建てた植芝道場の第一号です。稽古に熱心に通われる方々は団結心がことのほか強いと言えそうです。

遠距離から車で来られる方もいますが、本部道場の駐車場はそれほど車が停められません。朝一番の稽古に来られる方は、そのため午前六時半の稽古時間より早めの午前六時前に周囲のパーキングに車を止め、その中で道場が開くのを待っておられます（本部道場は午前六時に開く）。その熱意は非常に素晴らしいと思っています。

道場には技が上手くなったとか、稽古が楽しかったとかいうだけではない、単なる体育施設ではない文化があるのです。

子供から年配の方まで、肩書を外し、性別・年齢さらには国籍をも越えて交流を深め、切磋琢磨し、活力を養い、各々の人生を豊かなものにしていく。合気道の道場は、日本が世界に誇る文化であると私は思います。

合理化・近代化ということだけでは割り切れない大切なことがあり、それはどの分野においても同じことが言えるのではないでしょうか。

トップが変わった途端、極端に方針を変える団体・組織もあるようですが、私はそうするつもりはありませんでした。守るべきところをしっかり守り、変えるべきところは自然と変わっていくでしょう。

合気道本部道場

私は東京にいる時には、必ず朝一番の本部道場の稽古には出て、皆さんと一緒に稽古をしています。できることなら、本部道場の毎日の全ての稽古に立ってもいいというくらいの気持ちを持っています。しかしながら会員数もクラスも多く、また地方の講習会や周年記念の大会にも出席する時もあり私一人でどうにかできるものでもありません。

しかし本部道場にはしかるべき稽古を積み重ね来た師範がいます。

いま、昇段審査、昇級審査のおこなえる条件が六段ですから、六段以上を「師範」と呼び、以下を指導員と区別しています。

もちろん、五段以下の方でも、合気道の道場を開くことはできますが、審査をする際には、六段以上、師範の立ち合いが必須となります。

よく、本部道場の師範と登録道場の師範はどこが違うのでしょうか、と質問を受けることがあります。合気道を専門の職業としていることや、稽古量の違いもあるでしょうが、公益財団法人合気会の中心となる合気道本部道場で稽古をしているということではないでしょうか。

時の道主のもとで稽古をする、いわば合気道を創始した開祖――吉祥丸二代道主―

──私と続いた植芝のもとで稽古をしています。最も基本となる技が、伝承されています。

私はよく本部道場の師範・指導員に言うのですが、本部道場の人間は植芝家直伝の合気道を稽古しているという、自負・プライドはもたなければならないが、それ以上に謙虚さをもって、自らの技をかえりみなければならないと。その努力があって、はじめて登録道場の方々に支えられる合気道の体制ができるのだ、と思います。

本部道場の師範だからといって、全員が同じ指導をするかといえば、それは不可能でしょう。体格も違えば、体の動きも人それぞれです。ただ、本部道場の技という大枠においては、基本から逸脱しない間違いのないものを、質の高いものを教授できるよう日々、研鑽・努力を積み重ねています。

植芝家には開祖──吉祥丸道主──私、あるいは本部道場長の充央と四代にわたって宗家のみに伝わる一子相伝の技、いわゆる奥儀、極意というものがあるのですか、と真顔で質問されることがあります。

合気道には、日々稽古することによってみえてくる道というものがあります。

平成24年に開催された合気道本部道場創建80周年・
合気会設立認可70周年記念祝賀会で挨拶する著者

父は、祖父に手取り足取りされて合気道を学んだことはありませんし、私も父から細々と技の解説をしてもらったことはありません。充央もしかりです。

充央は幼稚園の頃から、吉祥丸二代道主の稽古に参加し、その雰囲気を感じ取っていたと思います。

しいて奥儀というものがあるとすれば、それは本部道場そのものかもしれません。現在と同じ場所に皇武館植芝道場ができ、開祖が日々工夫し、熟考され、さらなる改良をつづけて創りあげた合気道を、そのまま育み、伝えて今日にいたっているのが本部道場です。

技を学ぶということだけであれば、戦後の昭和二十年代、三十年代に比べれば、道場の数は劇的に増加しましたし、昨今は便利に、しかも方法も多岐に渡るようになってきました。DVDや動画も手に入りやすくなりました。

にもかかわらず、国内外からわざわざ本部道場を訪ね、稽古をする人々が毎年、あとを絶ちません。一度でいいから、日本の東京にある本部道場で稽古をしたい、と言ってくださるのです。それがかなわないなら、ぜひ、本部道場の師範を講習会、指導者研修会などに派遣して下さい、との申し出も年々増えております。

思うに、奥儀・極意が基本に集約されているものならば、本部道場は紛れもなく、最も基本に忠実な技を伝えています。

そして、基本に忠実なものを全ての人に伝えられるよう、海外への巡回指導・指導者派遣は年々、回数を増やしております。国内においても平成二十四年に全都道府県に連盟を設立し、連携を密にし、連盟主催の講習会、指導者研修会に本部の指導者を派遣しています。

おかげさまで、本部道場の指導部へ奉職したいという希望者はおりますが、これがなかなか大変なのです。合気道が好きだから、合気道を毎日稽古できるから、といった気持ちだけでは、なかなか奉職は難しいと思います。とくに、メンタルな部分が難しいのです。

本人の資質もさることながら、毎日毎日稽古の連続です。最初はそれが楽しいのですが、やがて労働、義務化してくると、辛さが出ることもあるようです。

私自身、奉職して思うのですが、前向きに稽古をとらえることができないと、指導者として合気道のみを続けていくのは至難なようです。

たとえば、合気道本部道場の正月休みや夏季休暇――普通の会社より、休みは長いのですが、問題はそのすごし方です。最初の一日は、体中、そこここが痛いのですが、二日、三日となってくると、稽古がしたくてうずうずしてくる、そして四日目ともなると、体がなまったように思えてきて、早く稽古をしたい、そう思う人が指導者には向いているように思います。

決意

私が合気道の演武大会に、はじめて出場したのは、日比谷公会堂で行われた昭和三十九年の第四回演武大会です。当時はまだ本部道場に少年部はなく、「合気道本部道場少年部有志」として出場しました。その後、本部道場に少年部が出来たのは昭和四十九年のことです。

中学一年生の時、一つ年上の稽古仲間と五組が出場しましたが、何を演武したか具体的には憶えていませんが、ただ、大勢の人の前であがるということはありませんでした。

演武会がおわると、関係者の打ち上げがあるわけですが、父はまず、私たち子供をタクシーで家まで送ってくれ、お菓子を買ってくれたのを覚えています。そのうえで、打ち上げ会場へと向かっていきました。

私は子供の頃から合気道の稽古をやってはおりましたが、毎日続けるということではなく、兄もいましたので合気道を継ぐという気持ちもありませんでした。

兄も私と同じようなペースで稽古をしていましたが、大学に入ってからは学業に専念するために稽古をしなくなり、「兄貴がやらないなら自分がやらなきゃな」と思いだしたのが高校生の頃です。

そして大学に入ってからは定期的に稽古を続けるようになり、三年生の頃には、指導部の人手が足りない時には父の稽古の時間に、父の受け身をとったり、ということも始めていました。

昭和五十年にヨーロッパ各国の合気会の招聘で父が訪欧したのですが、その時にお供として随行し、「息子だ」と周囲に紹介されたことで、しだいに周囲の目も「守央さんが後を継ぐんだな」という風になりましたし、私自身も「自分が道統を継ぐのだ」という気持ちになっていきました。

道統を継ぐという決意を、父にあらたまって報告したということはありませんし、父も私に対して跡を告げと言ったことはありません。親子の会話の中で「道主の仕事は僕が手伝います」「ああそうか」といった会話がかわされていた程度です。あらためて言わなくても、父も私が跡を継ぐものだと薄々と感じていたと思います。そういうことを口に出す人でもありません。

父は「ああしなさい」「こうしなさい」ということを細かく言う人ではありませんでした。稽古につきましても、「細かいことはとにかく稽古を続けていれば出来るようになる」ということだけでした。

指導のはじまり

大学に入ってから本格的な稽古がはじまりました。はじめは吉祥丸道主の朝稽古で受けをとることからでした。また指導者が手薄になった時に女性クラスを見るということもありました。

「私はまだ学生ですし、イヤですよ」と断ったら、当時、本部道場長を務めていた大澤喜三郎師範から、

「この道場がどういう道場だかわかっていますか？　植芝道場なんですよ。あなたがやらなくてどうするんですか」

と言われてしまいました。緊張するのでそれをやわらげるために、朝稽古に来ていた何人かの顔見知りの女性にも参加していただき、どうにか稽古を指導しました。

大学を卒業して合気会に奉職してからは個人稽古を担当していました。三ヶ月ほどした頃、指導師範が体調を崩したため、指導者に欠員が出てしまい、私が初心者クラスを受け持つことになりました。それが本格的な指導のはじまりです。それから合気道学校の中級クラスを経て、月・水・金の朝の初心者クラスを指導するようになりました。

いざ初心者クラスを指導する立場になって「これは大変だなと」感じたことは、自分には初心者としての経験がないということです。私は小さな子供の頃から合気道が

会員たちの熱心な稽古ぶりを見守る著者

生活の一部という環境で育ちました。合気道の技を見たまま自然と覚えていったものですから、順序だてて技を教わったことがなかったのです。

準備体操や体捌き、受け身をやってから、技のお手本を見せて「さあやってください」と言ったところで、初めての方にできるはずもありません。初めての方というのは緊張していることもあり、手を動かす、足を動かす順番が混乱していたり。こちらも「なんでそうなるのだろう？」と戸惑いました。

誰にでもわかるように、技を順序だてて言葉で説明して教えられるようにするために、父が書いた技術書を読んで勉強しました。自分の体で覚えたことを、改めて理論化することの大切さを学ぶいい機会でした。

そこまでの指導のレベルにいたっていない人間に初心者クラスを受け持たせるということは普通では考えられないのですが、植芝の息子だから指導を勉強させようという考えもあったのかもしれません。

今では大学などで初めての方に教える時も、生徒それぞれの性格や緊張度などにも気を配りながら指導しています。父から言われた「相手の立場にたって物を考える」「相手のことをよく見る」という教えです。

稽古に来られる方は年齢も習熟度も体格も体の特徴もみな違います。上達の早い人がいれば時間のかかる人もいます。みんな同じ教え方で、というわけにはいきません。また性格も教えたがりの人、消極的な人、癖の強い人それぞれです。受けと取りの組み合わせにも目を配る必要があります。

そして、指導者は自分が稽古して積み重ねものを押し付けるのではなく、見守る・導くという気持ちで行うことが大切です。

一回の稽古で、一人の指導者で五十人ほどの人を見ることになりますので、一人一

全日本合気道演武大会で主催者・大会会長として開会式で挨拶をする著者

人を細かく指導することはできません。体捌きと呼吸力を生かして相手を崩して、相手を投げる、固める。その技の一連の流れ、全体像をよく見せること。そのうえで細かく指導するのではなく、アドバイスをしながら、一緒に体を動かして技を作り上げていく。

指導者たちにも、自分自身の稽古においてもいろんな方と稽古をする中で対応を学ぶように言っています。

指導者が若い場合には、時には教わる方の方が稽古年数が長いという場合もあります。そういう方には社会経験豊富な人生の先輩として敬意を払い、自分が指導者であってもその方から吸収するという気持ちで接しなさいと言っています。

父は講習会や演武会に行った時は、「会場にどのくらいの人数がいて、どういう人がいて、どういう雰囲気なのかを見渡して把握しなさい」とも言っていました。

行事を円滑に運営するためには、そういったことを瞬時に見極め、把握することも責任者・指導者の役目です。大勢の方が一同に会する行事では、いつ何が起こるかはわかりません。「相手の立場にたって物を考える」「相手のことをよく見る」「全体に目を配る」ということが、隙の無さにもつながるのではないでしょうか。戦前から武道を見ている父のことですから、なおさらそういう意識は強かったのではないかと思います。

ここで指導者として合気会に奉職した頃のエピソードを一つ。

合気会は今もそうですが、指導員として奉職すると本部道場に住み込みをやらなければなりません。今の第二事務所、当時はまだ物置のようになっていた部屋があったのですが、稽古が終了するとその部屋で、年も近い彼ら住み込みの指導員たちと、こっそりと酒を飲むこともありました。

最初のうちはいいのですが、稽古の方が皆、着替えて帰ってしまうと、アルコールの量が増えていることもあり、皆、陽気になって声がだんだん大きくなり、笑い声も響きます。

悪いことに、隣はそのまま植芝家です。

父が元気な頃は自身も酒のいける口でしたので、「ハハ、飲んでるな」で済むのですが、母は怒りました。

「いつまで飲んでいるんです。いいかげんにしなさい」

としかられて、バタバタ退散するということが、よくありました。

約束や決まりを守るとか、ケジメをつけるとか、人様に迷惑をかけないとか、そういう人として基本的なことができていれば、お酒を飲んで少々騒いだりしても父に怒られるようなことはありませんでした。もちろん、翌朝の稽古にちゃんと出ていればですが。そういったこと以外に細かなことを口うるさく言う人ではありませんでした。本人も門弟を連れて飲みにいくこともよくありました。しかし、どんなに遅く帰っても翌朝の稽古を欠かしたことはありませんでした。

人前でニコニコと笑う人ではありませんし、一見すると怖い人にも見えましたが、そういった大らかな一面、言葉を変えれば懐の深さがありました。

厳しい時代を乗り越えた強さ、おおらかさ

社会全体がまだまだ大変な時代に、それでも「どうにかなるだろう」「どうにかするんだ」と合気道を絶やさないように続けてきて、その弟子たちが後々海外へ飛び出し合気道の輪を広げていったという流れがあります。

同じような苦労は開祖の時代から続いています。開祖の父・与六が紀州の田畑を切り売りし開祖を支え続け、合気道が創始されました。そして戦争がはじまり収入が無

くなり、岩間で自給自足の生活を送りながら、合気道の火を絶やさないようにしてきたのです。

その頃一方、父は空襲の戦火の中、東京の本部道場を守り抜きました。道場が燃え上がるのを必死で消し止めようとする姿に、近隣の人々も突き動かされ、協力してバケツリレーで火を消し止めたという話も残っています。

高度成長期前夜の昭和二十年代、植芝家の財産ことごとくを、それまでもつぎこんできたわけですが、これで何とかなるだろうか、との不安は、おそらく昭和三十年代半ばまで、ついてまわっていたように思います。そういった時代を乗り越えてきたからこその父のおおらかさ、懐の深さなのかもしれません。

戦後間もない頃は、父は会社勤めをしながら道場を守りました。合気道にほれ込んで裸一貫で住み込み同然で入門してきた人たちが稽古をしている時期、まだ合気道がこれからどうなるかもわからない時代です。

何人かの師範が回想していますが、月謝の払えない内弟子にも、「そうか」と一言のみで、催促をするなどということはありませんでした。時には小遣いも渡し、弟子の分まで食事の用意をして家族と一緒に食卓を囲み……それを支えた母の苦労も相当なものだったはずです。

母は普段、合気道のことも、内弟子のことも、何一つ口に出してどうこう言う人ではありませんでしたが、昭和四十三年に新道場が落成して、植芝家の住居と本部道場が分かれて、本当にホッとしたようです。

それまでは大家族のような生活が、当然のように思っていました。合気道の関係者のみならず、戦災で焼け出された方達が、まだ道場の一部に居住されてもいました。稽古に来られる方も一日、七、八人と少なく、稽古の後に、植芝家の風呂場のシャワーを使う人、あるいは井戸の水をかぶる人、また風呂場で道着を踏んで洗っている人もいました。

本当に旧道場の時代は、親類つきあいのような、わきあいあいとした〝植芝道場〟でした。稽古の時間、出勤時間、学校にいく時間などのため、食事の時間はバラバラでしたが皆、〝同じ釜の飯〟を食べていたのです。その食事は現在と比較すれば質素

開祖、吉祥丸二代道主、門弟で語らう（昭和31年頃の旧本部道場）

なものではありました。それでも、大勢の人々とわきあいあいと語らいながら食べた食事は、私にとっては楽しい思い出となって残っています。

父が合気道に専念したのは昭和三十一年（一九五六）からですが、今からふり返れば、無論、結果論ですが、絶妙のタイミングではなかったか、と思います。

昭和二十年代に踏み切られていたら、おそらく合気道は発展の前に資金調達が途絶え、さらなる縮小、場合によっては東京本部ではなく、岩間本部となっていたかもしれません。逆に、父がもうしばらく会社つとめをしていれば、合気道の国内普及、海外への発展は、いずれも十年以上、遅れたかと思われます。

私が父を見て思ったのは、父はそもそも完全に坊ちゃんでした。開祖が一番華々しい時、しかも子供の中で男の子は父一人だけでした。公式の場にも連れていかれ、ことあるごとに、開祖と一緒に撮った写真がある。私の時はそういう環境ではありませんでした。しかも次男ですから、公式の場に出ることもありませんでした。

その父が、戦後、大変な苦労をした。混迷する戦後、合気道を支えつづけ、そのおかげで今の合気会があるということ。一般の会員の方々にまで、知っていただこうとは思わないのですが、せめて合気会の師範・指導員、合気道をなりわいとされる方々には知っていただきたいと思います。

今、合気道本部道場に稽古に通われている方々は、かつても今と同じように道場がここにあって、毎朝、開祖がここで朝稽古を行なっていたと思われているかもしれません。昔は朝一回、夜一回の稽古で会員も七、八人くらいしかいませんでした。その他の時間は、何もなかった。しかも泊まるところがないからといって転がりこんで来る人たちもいました。今とは全く違う状況下で合気道の稽古が行なわれていました。合気道があって、合気道を守るために合気会という組織を先達が作り、現在、公益財団法人に移行しました。同時に各県に連盟を設置して、横のつながりも固まりつつあります。各々がそれぞれに役割をもっています。その役割をはき違えると大変なことになります。初心、忘るべからずだと思います。これは無論、私の自戒でもありますが。

最大の試練を感じた時

植芝家に生まれ、合気道の稽古を続けてきた私にとって一番印象に残る場面があるとすれば、数ある全日本合気道演武大会の中でも、第十七回――昭和五十四年（一九七九）の大会だと思います。

四月十四日のことでした。父が洋服を新調するということで、二人で銀座に出かけたところ、帰りがけに「腹が痛い」と言いだしました。

「新宿で胃薬を買って帰りましょう」

とタクシーに乗ってしばらくすると「腹が痛い」とまた言いだします。普段、何かにつけて忍耐強く、あまりこうしたことを口にしたことのない父にしては珍しいことで、自宅へ着いたら門のところにうずくまって動けなくなってしまいました。

すぐに近所のかかりつけの医者を呼んだのですが、腹部が膨れ上がった状態で、「これは私の手に負えないからすぐに救急車を呼んでください」と言われ、すぐに東京女子医科大学へ運びこまれました。

あいにく土曜日で担当の医師がおらず、機転を利かせて私の妻が近所の吉岡守正さん（のち東京女子医科大学学長）を訪ね、東京女子医大の入院の手続きをお願いしました。

翌日、とにかく切ってみないとわからないということで開腹したところ腸捻転でした。小腸の四分の三を摘出する手術となり、父は七月上旬までの入院を余儀なくされました。五十八歳の時のことです。

父は若い頃、酒豪といわれるほど酒の強い人で、およそ人前で酔うというようなことはありませんでした。ところが、宴席で酔いが顔に出るようになり、少し弱くなったかな、と思うことがありました。

入院にあわせて、まず行ったのは病室にホワイトボードを持ち込み、父の手帳に書かれたスケジュールを全て書き写すことでした。それらに対する対応を話し合い、必要事項を相談して処理していきました。

当時、私はまだ二十八歳でしたが、万が一のことがあってはいけませんので、急遽、合気会の理事に就任することになりました。道場の稽古、合気会・事務所の運営などは、当時、本部道場長の大沢喜三郎師範を中心に、経験豊富な指導者、職員がおりましたので不安はありませんでした。

しかし五月には合気会の最大の行事、全日本合気道演武大会が控えています。その大会のトリ、締めくくりの総合演武は時の道主の役目であり、父が倒れたことにより、私がトリをつとめなければならなくなりました。それまで昭和五十二年、五十三年と師範たちとともに演武会には参加していましたが、トリをつとめたことはありません。

日本武道館で大会を行うようになってから三年目で、まだまだ今ほど人数も多くなく、一階のフロアがやっと一杯になるくらいの頃です。すでに本部道場長補佐を務めていたとはいえ、まだ年の近い門弟たちと一緒になって稽古をして、騒いでいた言わば若造です。時の道主に代わり、全日本合気道演武大会のトリを務めるとなると、これは合気会、植芝家にとっても、とても重要な責務です。

周囲も不安はあったと思います。高段の師範がやるべきか、はたまた本部道場長を務めていた大澤喜三郎師範の方がいいのか……それでも、

「最後を務めるのは、稽古をしている植芝家の人間、守央さんがやるしかないんだ」

と大澤喜三郎師範が推してくださったのです。

心の準備などしている暇もなく、刻一刻と時間は迫ってきます。あの広大な日本武道館に集まった五千人の目が集中して、私にそそがれるのです。

脳裏に浮かんだのは、東京女子医大に入院している父のことでした。

よく、大会前の演武会用の稽古はさぞや入念にやったのでしょうね、と聞かれますが、一回合わせただけで、特別の稽古などはいたしません。普段の稽古での指導が、

そのままできればいいわけですから、もっぱら自分の心との勝負でした。

父の受けを、演武大会でとるようになってからは、一ヵ月前から酒を断ったこともありましたし、大会の前日は寝つけなかったように思います。しかしこの大会は、それどころではありません。

昭和四十四年に開祖が逝去し、それからまだ十年。門弟の多くが開祖のカリスマ性に引き付けられて入門した人たちで、袂を分かった人たちの立ち上げた団体もあり、合気会という組織もまだ盤石とは言えない状態でした。

その中で父が倒れた。四月まで生死をさまよい、ようやく五月に集中治療室を出たばかりです。とにかく、不安でいっぱいで、それを払拭することがなかなかできませんでした。合気会はこれからどうなってしまうのだろうか、といった行く末——しかしやるからには、しっかりやらねばならない……。

大会の司会を担当されていた尾崎昫さん（現・全日本合気道連盟理事長）の「会場に道主予定者の植芝守央本部道場長補佐が入場いたしました」

という アナウンスが耳に入ってきます。それと同時に会場は万雷の拍手……あとにもさきにもあれほど緊張したことはありません。

無我夢中で演武しましたが、会場はありがたいことに再び万雷の拍手をくださり、年輩の師範たちからも「よかった」とお褒めの言葉を数多くいただきました。

代行の大役をはたし、ほっと一息ついて病院へ。大会の報告に行きましたが、父はたった一言、「ああそうか」としか返答しませんでした。

父は病床にありながら、自身がいかに復活するか、そのことばかりを念頭においていたようです。父は翌年の春から稽古を再開し、日常生活も事欠かなくなり、私も父の横につき、稽古だけでなく組織の運営のことなども手伝いながら学んでいきました。

その後、二十年、父は最高責任者としての職責を果たし、体調を崩したと国立国際医療センターに検査入院したのは、平成九年（一九九七）の夏のことでした。

その間、私も本部道場長、合気会理事長に就き、実質的な運営は徐々に私へと移されていっていました。

合　気　道　新　聞　昭和54年6月10日　（2）

五つの舞台で、こもごも演武

←植芝守央氏の自由演武

全日本合気道演武大会で初のトリを務めた著者
その模様を伝える「合気道新聞」（昭和54年6月10日号）

父が亡くなる三年前に、医師からは「いつ逝ってもおかしくはない」と言われた時には、もう自分がやるしかないという気持ちで、組織の今後についての構想は描いていました。

開祖が倒れた時のように組織を出ていく人がいたとしても、それは仕方のないことだと腹をくくっていましたが、幸いにそのようなこともありませんでした。

父が亡くなり、その追悼をかねた演武大会（三十七回）のおりも、道主としての決意から大変緊張し

第35回全日本合気道演武大会で総合説明演武にのぞむ吉祥丸二代道主
全日本合気道演武大会での生前最後の演武となった（平成9年）

ましたし、道主としての責任感からひきしめてやらねば、との自戒は強かったですが、時間があったことから覚悟もできていました。第十七回に比べてみれば、まだ落ち着いて演武できたように思います。

父も同じ道を通ってきたはずです。大勢の前でいざ道主として演武することになった時のことを「よく、あんな大勢の前ですぐに演武が出来るようになったもんだね」と学生時代の友人に尋ねられた時、

「それはね、立場だよ。その立場がそうさせるんだよ」と語られたそうです。

「故・植芝吉祥丸道主追悼」と銘打たれた、第37回全日本合気道演武大会で大会を締めくくる演武を披露する著者（平成11年）

道主継承

晩年、父が倒れて、外見にはもちなおしたかにみえた時期も、本当は好転したとはいえない状態が続いていました。年齢もあります。

医師からも、常に万一の覚悟はしておいて下さい、と言われました。

そうした中で、周囲にはまったく真相を知られることのないよう——父の意向でした——合気道が淡々と、平常の活動を継承できるよう影ながら組織運営を手伝いながら学んでいきました。私は黒子に徹している、という意識はありませんでした。

父であり道主であり、師匠でもあるわけですから、その人を敬い、言うことを聞くのは当たり前だと思います。そして何より植芝道場なのだから、家族ががんばるのはあたり前という気持ちです。

当時の私の心労を家族は大変心配していたようですが、私は内にためこむということが、そもそもできない性分です。大所帯の中で育っただけに、コミュニケーションをとることが好きで、周囲の人々と話をしているうちに、気分も向上し、朝稽古に出て一汗かけば、それですべてを発散できてしまうのです。

ストレスというのは、ためこめないもの、つねに発散を心掛けよ――といいますが、笑顔で楽しそうにしていれば、自然と消えていくものだと、私は思います。

父は平成九年夏、体調をくずし国立国際医療研究センターに入院しました。

検査の結果、肺に異常がみられ主治医からは「一般的な経過をたどれば一年を考えて下さい。お正月が山になるでしょう」と伝えられました。余命については父に伝えない方針でいました。

その後、自宅で療養に務めていましたが、同年十一月体調を維持するため、また、休息も兼ね再入院。十二月の始めに退院したものの、同年暮れになって下血があり、十二月二十八日から平成十年二月中旬まで再び入院。この時は心配された肺の悪化は見られませんでしたが、下血の病状は決して楽観できるものではありませんでした。

そして、三月下旬、肋骨を打ち四回目の入院をしましたが五月中旬に退院し、全日本演武大会では私たちに励ましのお言葉を下さいました。その後、再び自宅で療養に努め、強い責任感をもっていろいろな行事をこなされていました。

平成十年も残すところ少なくなった十月二十八日未明、父は肺機能低下による心不全に陥り、急遽国立国際医療研究センターに再び入院。この時は危篤状態が一週間にも及びましたが気力で回復し会話も可能になりました。しかし、十二月二十日ごろから状態は悪化し二十三日には食事を摂ることも困難となり、二十六日再度危篤状態に陥りました。その後意識が混濁したまま、平成十一年一月四日午後五時三十九分、私ども家族が見守るなかで力尽きました。

父の病気の原因は、その二十年前の腸捻転にあるように思われます。あの際、小腸の四分の三を切除したため栄養の吸収が悪くなり、それが肺機能の低下などを引き起こしたと考えられます。

それにしても、数度にわたる危篤状態を「肺がなくても気力で生きられないものか」と医師に質問するほどの強靭な気力と心臓機能により乗り越え、本当に超人的な生命力を持っていたのだと思います。加えて、普段から周りの人々のため、いろいろと気をつかう人でしたので、皆様に迷惑をかけないように正月三が日を気力で乗り越えられ、四日になって永眠したように私には思えます。

一年半にわたり、余命を知りながら励まし看病することは本当につらいものでした。全快とまでは言わずともある程度回復するものであれば、たとえ苦しくとも本人も周囲も耐え、努力しなければならないと思います。しかし、先が決まっているなら苦しさや努力は無用だと思いますし、治療ではないと思えたのです。あくまでも年末には退院で

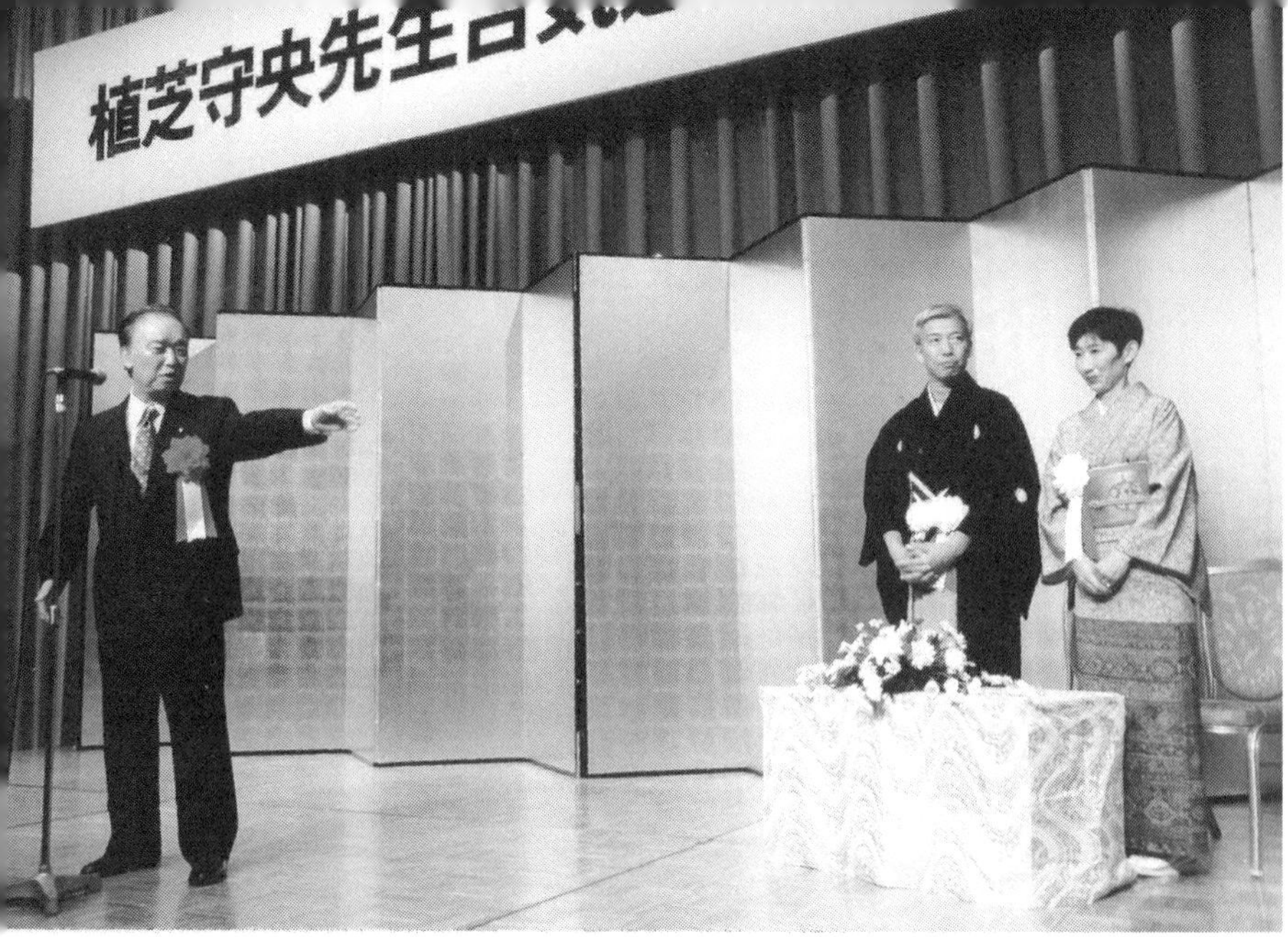

平成 11 年 1 月 18 日に合気道道主を継承した著者
同年 9 月 25 日に京王プラザホテルで継承祝賀会が開催された
祝辞を述べるのは海部俊樹元首相（財団法人合気会理事）

きるものと信じていた父、病状が悪化し食事ができなくなった時、弱気になられた父、どちらも切なく堪え難いものがありました。最後はあまりにも痛々しい姿でしたが、あくまでも精神力で頑張りぬいた姿と言えましょう。

私が道主を継承したのは、奇しくも父が、開祖から道統を受け継がれた際の年齢と同じ、四十七歳のときでした。

父の指揮のもと、合気道・合気会はめざましい発展をとげました。世界に大きく広まった合気道が、この先、どのような発展を遂げるのか、全世界の

平成13年（2001）、本部道場創建70周年・財団法人合気会設立60周年記念祝賀会にて吉祥丸二代道主のレリーフが披露された
このレリーフは現在、合気道本部道場に掲げられている

合気道修業者の中心＝道主となった私の責任は重大です。

ただ職務については、父が徐々に職域を移譲していってくれたおかげで、慌てることも、恐れることもなく、坦々と受け継ぐことができました。

一番大切なのは、本部道場に立ちつづけることだ、と父は常々言っていましたが、私もその通りだ、と思っています。

生涯、稽古をつづけた父の姿を私も、みならっていきたいと念じています。

同じことは、現在、本部道場長を務める充央にも言えます。今年、三十七歳になる彼は、私の同じ年齢のときに比べれば、は

合気神社大祭にて吉祥丸二代道主と少年時代の充央（現・本部道場長）とともに

るかに多くの役割を果たしています。

幼稚園の頃から道場で遊び、小学生の頃には毎日稽古をしていました。学生の頃から海外、国内の演武会、講習会にと、ときおり連れていっていました。入院中の父に、「合気道を継ぎます」と彼が告げた時の、父のうれしそうな顔は今でも忘れられません。

和を実践していくこと

私は基本的に、時代によって何かの在り方が変わって行くのは当然と考えていま

平成25年に合気道普及の功により藍綬褒章受章
褒章伝達式にのぞむ著者

全日本合気道演武大会・総合演武で
観衆に挨拶を述べる著者

す。時代に必要とされなければ消えて行くしかない。人間の文化とはそのようなもので、武道もまた例外ではありません。

闘争のための技術に過ぎなかった、戦国時代の武術が、江戸時代には禅の影響も受け、日本文化に特異な地位を占め、明治維新以後も武道として、学校や軍隊での心身教育に大きな役割を果たしてきました。

ですが敗戦によって、武道への考え方は一八〇度の転換を余儀なくされ、格技の名で、競技・スポーツに活路を見出さざるを得なくなりましたことはご承知の通りです。

この困難な時期に、祖父・開祖をたすけて、廃墟と化した焼け跡から、合気道を今日の隆盛に導

平成 26 年に開催された藍綬褒章受章祝賀会。祝賀会実行委員長として閉会の辞を述べる植芝充央本部道場長を見守る著者と妻・恭子

いた父・二代道主の偉業。理事長という役職だけから言えば、昭和四十二年から三十年間が父の任期でしたが、実質的には戦後の五十年間、父・二代道主が重責を担ってきたと言えます。

道主・理事長の後を継いで、私には一体なにが出来るのか？　なにをすればよいのか？　と自問自答いたしますと、これはもう自然体で行くしかない、いわば合気道の極意の「和」を実践するしかないという結論に達するのです。

すなわち、開祖が創り二代道主が広めた道統の「和」を乱さないように現在の秩序を継承していく。その上で、若い人達――戦前も戦後もまったく見たことのない新しい世代の

藍綬褒章受章祝賀会で家族とともに
前列右から著者と充央の次男・智央（ともてる）、妻・恭子、充央の長男・紘央（ひろてる）
後列右から長女・祥子（さちこ）、長男・充央、充央の妻・慶子

意見をも取り入れて行かなくてはなりません。

変えてはいけないものと、変えるべきものとをきちんと区別して、これからの組織の運営を計りたいと思います。

「価値観の多様化」ということが言われます。趣味や習いごとの分野にも多くの選択肢ができています。

武道もまた時代の潮流の外に逃れることは許されません。とはいえ時代に迎合するなどは論外でしょう。数多くの選択肢の中から武道を選んだ人達は、武道ならではの特質を期待しているはずです。自国の文化には求め得ない何かを合気道に期待して入

毎年５月に鎌倉・鶴岡八幡宮の研修道場行なわれる奉納演武・奉納稽古に臨むにあたり、鶴岡八幡宮を参拝

門する外国人を見てもよく解ります。

変えてはいけないもの――合気道の本質は守りつつ、現代の人達にとって修業しやすい環境を作って行くこと、これが、合気道を稽古する皆様にお応えすることだと考えます。

「現代の武道」を標榜する合気道は、具体的にどうあるべきか。

「試合はない」「子どもから女性、年輩者まで修業できる」「身体の鍛練だけでなく『合気』の哲理に裏打ちされた深い精神性をもつ」など、合気道は現代の武道・二十一世紀の武道として、これ以上ない好条件を備えています。

これはもう変えるわけには行かない、変える必要もない、とすれば、私のなすべきことは何なのか。海外も視野に入れたよりよい環境の整備に他ならないのではないかと考えています。

合気道の輪が世界中に広がった今、その輪の中心として、合気道の稽古の根底にある「こころ」を、ブレることなくしっかりと、そして細やかに伝えていきたいと思います。合気道が、開祖の唱えた「銀のかけ橋」となり、輝いてくれることを祈りながら。

合気道　歴代道主略歴

植芝 盛平 (うえしば もりへい)　1883 ～ 1969

明治 16 年（1883）	12 月 14 日和歌山県西牟婁郡西ノ谷村（現在の和歌山県田辺市上の山）に生まれる。
明治 41 年（1908）	坪井政之輔氏より後藤派柳生流柔術の免許を受ける。
明治 44 年（1911）	志あって政府募集の北道開拓民に応募、明治 45 年（1912）団長として北海道紋別郡白滝原野に 54 戸の同志を引きつれて移住、土地の開拓に着手する。ここで大東流柔術の武田惣角氏に会い教えを受ける
大正 8 年（1919）	父危篤のため故郷に帰る。途中京都綾部町に立ち寄り初めて大本教の出口王仁三郎に会い心を開かれる。父逝去後一家京都綾部に移住し、修行道場植芝塾を開設する。
大正末年	武道の新境地を開く。本格的に「合気の道」と呼称する
昭和 2 年（1927）	一家上げて上京、海軍大学校はじめ各所で指導する。
昭和 6 年（1931）	現在の東京都新宿区若松町に合気道専門道場を建設する。
昭和 15 年（1940）	公益法人として財団の許可を得る
昭和 16 年（1941）	茨城県岩間町に野外道場を設置。
昭和 30 年（1955）	国内はもとより海外においても合気道の普及発展に力を尽くす。
昭和 35 年（1960）	合気道創始の功績を以って紫綬褒章を賜わる。
昭和 39 年（1964）	勲四等旭日小綬章を受賞。
昭和 44 年（1969）	4 月 26 日逝去（86 才）。生前の合気道創始の功績とその普及の功により勲三等瑞宝章を賜わる。正五位叙位。

植芝 吉祥丸（うえしば　きっしょうまる）　1921～1999

大正 10 年（1921）　6 月 27 日、合気道開祖植芝盛平の三男として出生。
昭和 21 年（1946）　早稲田大学政治経済学部を卒業。
昭和 23 年（1948）　開祖に代わり合気道本部道場の道場長となる。
昭和 42 年（1967）　財団法人合気会理事長に就任。
昭和 44 年（1969）　開祖逝去により合気道二代道主を継承。
昭和 61 年（1986）　合気道普及発展の功により藍綬褒章を賜わる。
平成 07 年（1995）　勲三等瑞宝章を受章。
平成 08 年（1996）　国際合気道連盟会長、全国学生合気道連盟会長、財団法人日本武道館理事その他多くの要職を務める。
平成 11 年（1999）　1 月 4 日逝去。日本国政府より正五位叙位。

植芝 守央（うえしば　もりてる）1951 〜

昭和 26 年（1951）　4 月 2 日、合気道二代道主植芝吉祥丸の次男として出生。
昭和 51 年（1976）　明治学院大学経済学部を卒業。
昭和 60 年（1985）　財団法人合気会専務理事に就任。
昭和 61 年（1986）　合気道本部道場長となる。
平成 08 年（1996）　財団法人合気会理事長に就任。
平成 11 年（1999）　二代道主逝去により合気道道主を継承。国際合気道連盟会長に就任。
平成 16 年（2004）　東北大学の特別講師に就任。
平成 18 年（2006）　ブラジル国のアンシェッタ勲章を受章。国際武道大学の名誉客員教授に就任。
平成 21 年（2009）　ロシア大統領友好勲章を受章。
平成 22 年（2010）　皇學館大學の特別招聘教授に就任 (2017 まで)。
平成 24 年（2012）　公益財団法人移行に伴い公益財団法人合気会理事長に就任。
スペインのバレンシア大学の金メダルを受章。
平成 25 年（2013）　合気道普及発展の功により藍綬褒章を賜わる。
公益財団法人日本武道館理事、国際武道大学評議員、その他多くの要職を務める

公益財団法人 合気会　合気道本部道場

〒162-0056 東京都新宿区若松町 17-18
電　話　03-3203-9236（代）
ＦＡＸ　03-3204-8145
ＵＲＬ　http://www.aikikai.or.jp
e-mail　aikido@aikikai.or.jp

写真提供――公益財団法人合気会
技法解説　受け――合気道本部道場指導部指導員・小山雄二
合気道本部道場指導部指導員・日野皓正

合気道　稽古とこころ

現代に生きる調和の武道

発行日　2018 年　3 月 30 日　第 1 刷
2019 年　8 月 10 日　第 2 刷
著　者　植芝守央
発行者　清田名人
発行所　株式会社内外出版社
〒110-8578 東京都台東区東上野 2-1-11
電話　03-5830-0368　（企画販売局）
電話　03-5830-0237　（編集部）
http://www.naigai-p.co.jp
印刷・製本　中央精版印刷株式会社

ISBN 978-4-86257-349-0　C0075